D0591367

Le Cancer du sein

Sans mutilation

Les femmes ont leurs seins à cœur et je sais ce que c'est que de toucher la bosse qui vous donne des sueurs froides.

Plus qu'un pionnier, Roger Poisson fait partie des grands passionnés qui, dans l'exercice de leur profession, ont développé des «autrement» remplis d'espoir.

Lise Thibault
Lieutenant-gouverneur du Québec

Ce livre a été écrit avec la collaboration de Jacques Beaulieu, communicateur scientifique, qui a apporté sa contribution tant au niveau de la recherche que de l'écriture.

Je voudrais souligner particulièrement la précieuse participation de Mme Nicole Lauzon pour sa ténacité, son travail minutieux de synthèse, de révision et d'amélioration des textes.

Ont participé à cet ouvrage:

Isabelle Simard, illustratrice (page couverture).

Linda Bisaillon, secrétariat.

Je remercie le docteur Raymond Guévin qui a bien voulu m'assister de ses conseils.

Ce livre a été réalisé sans aucune contribution financière, que ce soit de compagnies pharmaceutiques, organismes gouvernementaux ou autres. Les noms des médicaments sont mentionnés, uniquement, à titre d'information.

Le *Cancer* du *sein*

Sans mutilation

Roger Poisson
M.D., F.A.C.S., F.R.C.S. (C)

Méridien
ÉDITIONS DU MÉRIDIEN

Les Éditions du Méridien bénéficient du soutien financier du Conseil des arts du Canada pour son programme de publication.

LE CONSEIL DES ARTS | THE CANADA COUNCIL
DU CANADA | FOR THE ARTS
DEPUIS 1957 | SINCE 1957

Tous droits de reproduction, d'édition, d'impression, de traduction, d'adaptation, de représentation, en totalité ou en partie, réservés en exclusivité pour tous les pays. La reproduction d'un extrait quelconque de cet ouvrage, par quelque procédé que ce soit, tant électronique que mécanique, en particulier par photocopies ou par microfilm, est interdite sans l'autorisation écrite des Éditions du Méridien, 1980, rue Sherbrooke Ouest, bureau 540, Montréal (Québec) H3H 1E8.
Tél.: (514) 935-0464

DISTRIBUTEURS :

CANADA :
MESSAGERIE ADP
955, rue Amherst
Montréal (Québec)
H2L 3K4

EUROPE ET AFRIQUE :
ÉDITIONS BARTHOLOMÉ
16, rue Charles Steenebruggen
B-4020 Liège
Belgique

ISBN 2-89415-173-X

©Éditions du Méridien

Dépôt légal - Bibliothèque nationale du Québec, 1997

Imprimé au Canada

Je dédie ce livre à mes patientes; à toutes ces femmes qui m'ont permis de les écouter, de partager leurs espoirs et de comprendre leur maladie et leur drame.

Je les remercie de la confiance qu'elles m'ont constamment témoignée ainsi que de leur support moral incontestable.

Je me rappelle de la soirée reconnaissance organisée par Mme Odette Marcoux, en mon honneur au Palais des Congrès de Montréal, le 3 octobre 1995. Lors de cette soirée inoubliable, 750 personnes, principalement des patientes, sont venues me rendre hommage et reconnaissance. Quel beau témoignage de support et de gratitude. Merci à toutes et tous pour votre généreux appui.

*« Seul les gens
qui rampent ne
trébuchent jamais ».*

— dicton d'origine inconnue

Préface

Mon propos n'est pas ici de présenter en détail l'ouvrage de Roger Poisson mais de proposer certaines réflexions sur le sujet qu'il traite, nées d'une expérience de 35 années de pratique de l'oncologie médicale, pratique qui, malheureusement, ne débute qu'après que les patientes aient été vues et opérées par le chirurgien et traitées par le radiothérapeute.

Si j'ai accepté de rédiger cette préface, c'est que je connais l'extrême compétence de Roger Poisson, qui est l'un des rares chirurgiens possédant la plus haute expérience de la chirurgie des cancers du sein dans les deux hémisphères et qui s'était intéressé aux ablations limitées et non mutilantes pour en préciser la technique et les indications quinze ans avant que ce fut à l'ordre du jour des grands groupes coopérateurs nord-américains, en cela d'ailleurs accompagné par des groupes français, isolés mais nombreux. Ce qui a guidé la main et l'esprit de Roger Poisson au fil des années, c'est la double volonté de faire progresser l'art de la thérapeutique et, en même temps, de rendre à chaque patiente successive le meilleur service possible en fonction de sa propre expérience et des particularités individuelles.

Cette double volonté qui inspire la conduite de tout vrai médecin est extrêmement difficile à concilier avec la véritable idéologie qui, depuis quelques années, anime les statisticiens, médecins et chirurgiens des groupes coopérateurs et c'est là un point important que je veux détailler.

J'ai personnellement rejoint deux de ces groupes, de 1970 à 1980 approximativement. L'un de leurs buts était de ramener à leur juste valeur certaines affirmations trop optimistes, voire charlatanesques, concernant diverses thérapeutiques. Il fallait pour cela disposer de séries comparables de patients qui ne pouvaient être obtenues que par tirage au sort dans l'ignorance où nous étions des facteurs individuels susceptibles de faire diverger les réponses aux traitements. Et, bien entendu, il fallait que dans chaque groupe à comparer, les nombres fussent très élevés afin que l'on fut plus assuré que les différences individuelles inconnues quant à leur nombre et leur importance étaient également réparties dans les deux groupes. Les biostatisticiens édictèrent alors des règles extrêmement rigides permettant de réduire l'impact sur nos conclusions de notre profonde ignorance de la biologie des tumeurs. Les deux groupes, ou plus, à comparer restaient chacun extrêmement hétérogènes mais on visait à obtenir une hétérogénéité de niveau comparable dans chaque groupe sans d'ailleurs être du tout assuré d'en approcher. Tous les facteurs de pronostic et de réponse au traitement sont eux-mêmes nombreux. On alla même jusqu'à vérifier des facteurs déjà connus puisqu'on ne les distinguait pas à l'intérieur de chaque groupe, des sous-groupes obtenus en fonction de l'âge ou de la vitesse de croissance car cela eut fait perdre de la «puissance» aux tests statistiques en les faisant porter sur des nombres plus petits. En revanche, le délai qui devait séparer la mise en œuvre du traitement du diagnostic était limité au jour près, alors qu'un cancer lors de son dépistage évolue depuis plusieurs années. Or, c'était dans l'esprit des biostatisticiens un moyen important de rendre les groupes comparables.

Soit dit en passant, la rigidité dans ce critère du délai est proprement absurde, et Roger Poisson qui le sait comme tout médecin, a cru pouvoir, dans l'intérêt de ses patientes, le franchir de quelques jours sachant qu'il n'était pas possible de faire autrement. C'est ce que les autorités de son groupe ont appelé fraude et ont osé lui imputer ce crime. Ce qui montre bien à quel degré proprement idéologique et totalitaire ils sont descendus. Ils s'en sont, du reste, administré à eux-mêmes la meilleure preuve en vérifiant qu'avec ou sans les centaines de malades opérées par Roger Poisson les résultats finaux étaient identiques! Mais ils n'en restent pas moins sur leurs positions et celles-ci sont devenues de plus en plus discutables au fil des années. Pour respecter la comparabilité des groupes au niveau des grands nombres, il est interdit de moduler un traitement soit chez des malades différents en fonction de l'expérience du clinicien, parfois immense et non toujours totalement claire, car la médecine reste un art, celui d'appliquer des traitements dont tout n'est pas connu au niveau moléculaire à des individus jamais comparables, soit chez un même malade en cours

11

d'évolution, sinon le protocole est «violé», le malade «invalidé» et l'institution ne reçoit pas de support financier.

Autrement dit, faute de savoir interpréter et comparer les résultats que notre meilleur jugement nous permet d'obtenir dans chaque cas, les biostatisticiens et avec eux la grande majorité des médecins des groupes, nous obligent à faire ce qu'eux savent aujourd'hui interpréter, des différences globales modestes (ou une absence de différence) sans que nous sachions jamais quels malades individuels bénéficieront des différences constatées. Les médecins se sont ralliés à ces vues dans l'intérêt, disent-ils, de la science objective mais aussi pour pouvoir avoir leur nom sur des publications qui, autrement, ne sont pas acceptées par les grandes revues et pour pouvoir faire bénéficier leurs hôpitaux de supports alloués pour chaque malade «validé». Et, en outre, ils ne connaissent pas les affres de la décision individuelle dans les cas incertains, qui sont l'immense majorité.

De telles attitudes seront un jour dépassées. Il naîtra des biostatisticiens capables de comprendre la médecine, le combat contre une nature complexe dont les plans ne nous ont pas été communiqués, et les médecins qui ont oublié leur devoir, celui de fournir à chaque patient, ici et maintenant, le meilleur service possible dans le cadre de son individualité, le retrouveront (il est du reste significatif déjà que bien des cancérologues, quand il s'agit d'eux-mêmes ou de leur famille, évitent tout tirage au sort et vont s'adresser à un collègue qu'ils jugent plus expérimenté que d'autres).

C'est alors aussi que cette libération de la tutelle d'une idéologie des essais comparatifs style 1970, permettra d'envisager des modalités nouvelles à soumettre au jugement de l'expérience et, pour les cancers du sein, notamment, chimiothérapie et hormonothérapie préopératoires systématiques, radiothérapie moins fréquente, stratégie différente pour cancers des quadrants internes, durée des chimiothérapies postopératoires adaptées aux caractéristiques biologiques des tumeurs, etc.

Je ne suis pas toujours entièrement d'accord avec ce qu'enseigne Roger Poisson et, notamment, j'accorde plus souvent que lui ma préférence à une mastectomie totale suivie de reconstruction. Mais je respecte sa considérable expérience et la réflexion permanente qu'elle nourrit, sa réticence devant les dogmes, son impatience devant la lenteur des progrès, son esprit d'innovation.

C'est tout cela qu'il met au service des patientes et des futures patientes dans ce livre si riche en informations et en conseils et si riche de pensée. Je suis persuadé qu'il connaîtra dans toute la francophonie la diffusion qu'il mérite.

Lucien Israël
Professeur Émérite de cancérologie
Université Paris XIII
Membre de l'Institut

Avant-propos

Le cancer en cage

> *«Aucun homme ne peut espérer atteindre la sagesse tant qu'il n'a pas réalisé combien son esprit est superficiel, ignorant et obscurci par les préjugés»*

— Socrate

Pour expliquer la complexité du cancer du sein, j'aime parfois prendre ce conte comme exemple: un homme avait conçu une nouvelle cage. Afin de permettre aux animaux qui l'habiteraient un jour de mieux contempler les cieux, il avait construit cette cage sans toit. Au moment de l'expérimenter, notre homme choisit trois animaux. Il prit le premier, une tortue, et la plaça dans la cage remarquant d'abord qu'elle ne pouvait pas s'échapper. De plus, il pouvait s'absenter des heures, semaines ou mois et la retrouver en bon état dans la mesure où elle avait eu assez d'eau et de nourriture. Il décida alors de refaire la même expérience avec un chat. Cette fois-ci, les résultats furent plus imprévisibles puisque le chat pouvait rester dans la cage un certain temps mais tôt ou tard décidait de sauter hors de la cage. L'homme pouvait, la plupart du temps, le rattraper et le remettre en cage mais pas toujours. Le chat était enclin à y rester enfermé de moins en moins longtemps. Finalement l'homme essaya un oiseau dans sa cage. Cette fois, à peine avait-il fini de le déposer qu'aussitôt l'oiseau s'envola.

Dans cette fable, la cage sans toit représente le traitement actuel du cancer du sein et les trois animaux symbolisent les différentes sortes de cancer du sein. Il y a la tortue, qui représente un type de cancer à évolution lente, peu dangereux et observé plus souvent chez les patientes d'un certain âge. Habituellement, ce type de cancer est maîtrisé par des traitements faciles comme une chirurgie économe, associée à une simple hormonothérapie. Le chat symbolise le type de cancer le plus fréquent. Ce cancer, variable, n'est pas toujours prévisible. On ne peut le maîtriser facilement bien qu'il puisse «s'apprivoiser» selon les traitements. Contrôlé pendant un certain temps, il peut réapparaître et devenir de moins en moins traitable. Quant à l'oiseau qui s'envole avant même qu'on l'ait déposé dans la cage, il représente une forme de cancer à évolution très rapide qui échappe à toute tentative de traitement. C'est le cas de certains cancers du sein du type inflammatoire ou certains autres cancers très malins.

Cette parabole permet de saisir la grande variété des cancers du sein. Il n'y a pas un, mais des cancers du sein, c'est-à-dire différents types ou sortes de cancers, avec origines (ou étiologies) distinctes, caractères biologiques et comportements différents ainsi que des réactions différentes aux traitements. Il est donc illusoire d'imaginer qu'on peut traiter tous les cancers du sein d'une seule et même façon. Il ne faut pas non plus s'étonner devant tant d'écoles de pensée en raison des diverses théories et des variétés de la maladie. Le cancer du sein est depuis toujours un sujet controversé dans le monde médical et le restera probablement fort longtemps.

Du point de vue médical, les tumeurs se comportant comme la tortue sont souvent présentes depuis longtemps, petites, peu envahissantes et bien différenciées, c'est-à-dire peu différentes au microscope du tissu mammaire normal, avec récepteurs hormonaux positifs et sans extension aux ganglions axillaires. Les tumeurs évoquées par l'oiseau sont souvent à progression rapide et de courte durée. Leurs cellules sont indifférenciées, c'est-à-dire très différentes de celles du tissu normal, avec une structure très anarchique et des formations malignes monstrueuses, de multiples ganglions positifs et des récepteurs hormonaux, négatifs. Mais bien des tumeurs présentent des caractères pathologiques mixtes et, en ce sens, ressemblent au chat.

On estime qu'environ 20 % des cancers du sein s'identifient à notre tortue, 60 % au chat et 20 % à l'oiseau. Le but ultime de la médecine est de guérir le cancer, ou du moins de le maîtriser. Il consiste à trouver la meilleure « cage » sans qu'on sache toujours très bien qui va l'habiter... C'est ce qu'anciennement on appelait le « prédéterminisme biologique des tumeurs ».

Le fait que 20 % des cancers du sein se comportent comme l'oiseau fait dire à certains fatalistes que le cancer du sein n'est pas guérissable quoi que l'on fasse. Pourtant, il ne faut pas oublier que 20 % se comportent comme la tortue et 60 % comme le chat, c'est-à-dire qu'ils sont probablement « apprivoisables » ou contrôlables à longue échéance à condition de les traiter au moment opportun avec des outils thérapeutiques multiples et appropriés.

Cependant, on peut comprendre à quel point est simpliste le dogme suivant lequel le diagnostic très précoce du cancer du sein peut, à lui seul, tout régler! Si tel était le cas, les taux de survie de ce cancer se seraient beaucoup améliorés grâce au dépistage déjà largement pratiqué depuis plusieurs années (de plus, le résultat des études sur le bien-fondé des mammographies ne serait pas aussi controversé)... En effet, selon qu'il s'agisse d'un cancer biologiquement favorable, (se rappeler l'exemple de la tortue) ou au contraire biologiquement défavorable, c'est-à-dire très malin (cas de l'oiseau), cette notion de précocité ou de temps ne signifie rien. Par contre, pour certains cancers (image du chat), le facteur temps peut influencer le pronostic ou la guérison. De toute façon, la précocité du diagnostic permet des traitements moins mutilants, assurant une meilleure qualité de vie.

Dans ce combat singulier contre le cancer du sein, il faut tendre à ce que la femme devienne une partenaire avec les médecins. Pour cela, il faut l'encourager à bien connaître cette maladie «inhumaine» pour l'éviter peut-être, la diagnostiquer dès que possible, pouvoir y faire face et mieux la combattre, si un jour, en dépit d'une bonne prévention, elle en devient atteinte.

INTRODUCTION

*Ose devenir ce que tu es, même
si ce n'est pas conforme à ce qui
t'est demandé.*[1]

Dr Carl Simonton

Le cancer du sein fait peur. En 1995, il y a eu au Québec environ 3 700 nouveaux cas de cancer du sein et 1 300 décès attribuables à cette maladie, 17 700 cas au Canada et 5 400 décès. Et ces chiffres continuent à augmenter, surtout en Amérique du Nord et en Europe de l'Ouest. L'ignorance peut coûter cher. Il est évident que tous les décès ne pourraient pas être évités, cependant plusieurs le seraient si les femmes étaient davantage sensibilisées à la prévention, au dépistage et aux traitements du cancer du sein.

À mesure que le lecteur avancera dans cet ouvrage, il pourra constater qu'on y traite non seulement des aspects biologiques et pathologiques reliés à cette maladie, mais aussi des aspects psy-

---

[1] Extrait du livre : *Guérir envers et contre tout* du Dr Carl Simonton

chologiques, environnementaux, de l'accompagnement en phase terminale, ainsi que des nombreuses controverses entourant son traitement.

Les femmes doivent s'impliquer pour optimiser leurs chances de guérison et pour ce faire, ont besoin de se familiariser avec un nouveau vocabulaire. Par exemple, prévention primaire et secondaire, biopsie à l'aiguille fine et biopsie chirurgicale, tumorectomie et mastectomie, etc., sont autant de termes couramment employés en diagnostic et traitement du cancer. Il n'y a parfois pas assez de communications ou d'explications entre la patiente et le médecin traitant sur les options disponibles et leurs conséquences. Les patientes doivent s'informer pour obtenir les réponses les plus claires. Il n'y a pas de traitement standard pour le cancer du sein, de même qu'il n'y en a pas pour celui de la prostate. Seuls, existent, des principes à l'intérieur desquels figurent des choix ou options avec des résultats de survie identiques. C'est dans cette optique qu'il faut en savoir davantage.

Dans le domaine du cancer du sein, les femmes méritent mieux que ce qui leur a été traditionnellement offert. Elles doivent prendre une part active dans tout ce qui concerne le processus décisionnel, tant au niveau du choix que de l'exécution des traitements et des soins de support, allant même jusqu'aux techniques de psychothérapie. Tout ce qui touche au cancer du sein est, un jour ou l'autre, sujet à controverse. L'auteur de ce livre a longuement contesté et combattu les dogmes qui régissaient et qui, dans certains milieux, régissent encore le traitement de ces cancers. Ainsi, les médias ont souligné la controverse entourant l'utilisation des mammographies annuellement, ou aux 2 ans, chez les femmes, afin de détecter précocement les lésions cancéreuses du sein. On a d'abord rappelé les études démontrant l'efficacité des mammographies, permettant de diminuer la mortalité par cancer du sein d'au moins 25 %! Quelques jours plus tard, si ce n'est immédiatement, le lendemain, les mêmes médias nous informent que subir trop de mammographies peut être nuisible et même causer le cancer du sein et que de toute façon, le taux de mortalité n'est pas modifié par cette pratique... Alors qui croire et quand les croire?

Peu de sujets suscitent autant de questions dont les réponses, d'une fois à l'autre, sont diamétralement opposées. Est-ce que la prise d'hormones, les œstrogènes en particulier, soit comme anovulant (pilule anticonceptionnelle) soit comme hormonothérapie de remplacement (pendant ou après la ménopause) prédispose ou non au cancer du sein? La chimiothérapie devrait-elle toujours être administrée après la chirurgie comme il se fait encore couramment, ou ne serait-elle pas, au contraire, avantageusement utilisée en première ligne, dans certains cas, comme je le crois et pratique personnellement, pour faire fondre les tumeurs, surtout les plus volumineuses et permettre ensuite l'opération tout en préservant les seins le plus souvent possible? Les antiœstrogènes comme le tamoxifène doivent-ils être administrés à vie ou seulement pour 5 ans chez les personnes atteintes du cancer du sein? Doit-on aussi le donner à celles qui n'ont pas encore de cancer du sein mais qui présentent un risque de le développer bien que pouvant aussi ne jamais l'avoir? Certains en vantent les résultats, alors que d'autres croient que ce médicament peut favoriser les phlébites et le développement de cancers comme celui de l'endomètre (de l'utérus).

À Montréal, en novembre 1993, eut lieu le Congrès du Forum National sur le Cancer du Sein. Celui-ci fut un événement unique et très émouvant parce que certaines femmes ayant survécu au cancer du sein ont pu s'exprimer assez librement. J'ai entendu dire par des conférenciers ou conférencières, qu'il ne sert à rien de raconter des histoires sur la diète, le gras, l'alcool, les contaminants, le stress, etc., que les mammographies ne sont pas dangereuses même en dessous de l'âge de cinquante ans, et qu'il ne faut pas effrayer les femmes pour rien... Pourtant la fréquence du cancer du sein continue d'augmenter ! Selon certains, la cause n'en résiderait pas dans la diète, la pollution, les hormones, et pourtant... Les patientes et même de nombreux médecins sont en proie à la confusion à propos de ces discours épineux. On entend parler de nouvelles grandes découvertes en oncologie, nouveaux gènes, nouveaux médicaments, etc. néanmoins, on apprend régulièrement que monsieur Untel a récidivé de son cancer ou que madame Unetelle est décédée ces jours-ci.

Ce livre a été écrit d'abord à l'intention de toutes les femmes qui viennent d'apprendre qu'elles ont un cancer du sein, ou qui connaissent un proche qui en est atteint, ou encore qui craignent de présenter un haut risque de le développer. Cet ouvrage pourrait même être utile à certains membres de la profession médicale qui traitent cette «maudite maladie». Il est le fruit d'une expérience de plus de trente ans fondée sur des milliers de malades traités personnellement. Son but premier est de guider la lectrice dans sa propre démarche qui l'amènera sur le chemin de la prévention ou de la guérison. Cette voie sera ponctuée quelquefois de certitudes et d'optimisme, parfois de doutes et d'angoisse. Une attitude mentale saine, grâce à de meilleures connaissances sur la question, contribuera particulièrement à l'amélioration de l'état général et des défenses des patientes. Cette leçon de vie incite à suivre les traitements le plus fidèlement possible de façon à mettre toutes les chances du côté de la patiente.

Les femmes doivent participer activement à la préservation de leur santé et à la prévention du cancer. Si malgré tout, elles en sont atteintes, il importe qu'elles prennent part activement à leurs traitements puisqu'elles sont les premières concernées; l'accès aux soins devient donc une responsabilité personnelle.

Combien de patientes ai-je vues à mon bureau après avoir déjà reçu le verdict: «Madame, c'est votre sein ou votre vie! Il faut absolument une mastectomie totale». Contestataires à juste titre, elles l'ont refusée et sont venues se faire opérer dans mon Service de Chirurgie Oncologique à l'Hôpital Saint-Luc de Montréal, optant ainsi pour une chirurgie locale non mutilante. Elles sont toujours en bonne santé, 10, 20 ou 25 ans plus tard, leurs deux seins intacts! Cette solution évidemment n'est pas toujours possible, mais il est important d'être bien informé et de ne pas aller trop vite en affaire dans ce genre de décision. Le cancer peut très bien ne jamais récidiver, et si, dans approximativement 10% à 12% des cas il récidive localement, il y aura alors souvent moyen de pratiquer une autre opération conservatrice. Rares sont les cas qui justifient d'emblée une mastectomie totale, d'autant plus que si vous êtes bien suivie et si la récidive, détectée à temps, est corrigée, ceci n'affectera pas vos chances de survie et vous pourrez conserver votre sein pendant des années, voire toute votre vie. Ces patientes averties ont gagné beaucoup de temps, préservé leurs seins, gardé une certaine qualité de vie et peut-être sauvé leur vie. Nul n'est censé ignorer certains principes.

Le bon spécialiste est celui qui, constamment à la fine pointe dans son domaine, prend soin de poser un diagnostic approprié et qui, par la suite, apporte le correctif le moins mutilant possible, tout en répondant à la situation. En ce qui concerne le cancer du sein, dans la mesure où on utilise plusieurs formes de traitements en combinaison, chimiothérapie, radiothérapie, hormonothérapie, etc., de façon complémentaire, une chirurgie économe non mutilante est souvent suffisante pour contrer la maladie. **PLUS N'EST PAS TOUJOURS MIEUX. PLUS DE CHIRURGIE N'EST PAS MIEUX.** Et plus de radiothérapie non plus. Pourtant 50 % des cancers du sein sont encore traités par mastectomie totale ou radicale aux États-Unis, au Japon et dans plusieurs autres pays, bien que cette proportion ait tendance à diminuer. Certaines femmes, mal informées, s'imaginent que l'ablation de leur sein (l'organe coupable) réglera leur problème définitivement. Pour toutes sortes de raisons, certains chirurgiens, en particulier chez nos voisins du Sud, ne demandent pas mieux que de faire des mastectomies totales, d'où l'importance d'être très bien renseigné. L'homme qui a un marteau dans la main voit des clous partout... Si la menace de mutilation a tendance à s'estomper, grâce aux traitements non mutilants qui gagnent sans cesse de tolérance et même d'acceptation (réservée) dans le monde médical classique, il est impératif que la femme dialogue avec ses médecins, et son chirurgien en particulier, pour bien comprendre son traitement avant de s'y soumettre. Le profane ne demande pas toujours à être renseigné. C'est une démarche qu'il entreprend lorsque la maladie le touche ou touche l'un de ses proches.

Je n'ai jamais cru que l'éducation du public sur le cancer en général risquerait d'entraîner une cancérophobie. C'est l'ignorance qui crée la peur et les regrets. La politique de l'autruche est la pire.

La pensée saine et l'approche psychothérapique de la prévention et de la maladie:

Nos modes de penser influencent nos émotions. En apprenant à réorienter nos pensées, nous pouvons améliorer notre état de santé, tant en prévention qu'en dépistage. Elles peuvent également nous aider sinon à guérir du cancer, du moins à mieux lutter contre la maladie cancéreuse.

Les pensées saines et la visualisation sont utiles surtout si elles s'accompagnent d'actions positives particulièrement efficaces en prévention. Il n'est pas prouvé scientifiquement qu'une patiente atteinte d'un cancer déjà déclaré, bien diagnostiqué et agressif, puisse venir à bout de sa maladie, seulement par le seul pouvoir de sa volonté. Cette doctrine est surtout prônée par le docteur Carl Simonton, un cancérologue américain, et semble néanmoins gagner du terrain comme soutien psychologique des malades atteints de cancer.

Pour bien des gens, pensée positive, visualisation et pensée magique sont synonymes. D'après eux, il suffit de penser positivement à une chose ou à un événement, de le visualiser dans son esprit, pour qu'il se produise. Comprenons-nous bien, cette attitude n'est pas mauvaise en tant que telle, mais n'est pas suffisante. Dans le traitement de l'obésité par exemple la mobilisation des forces psychologiques et la représentation imaginaire (visualisation) sont d'un grand secours. Il est d'importance primordiale que la personne en traitement puisse se voir mince et croire qu'il est possible d'y parvenir. Mais elle doit aussi apprendre (et mettre en application) de saines habitudes alimentaires et y associer des exercices physiques. La pensée positive et la visualisation contribuent à la motivation, à l'observance diététique et à l'assiduité dans l'exercice physique. Un autre exemple plus près de notre sujet est l'attitude de certaines femmes vis-à-vis l'auto-examen des seins. Partant du principe qu'elles ne savent pas le faire et que c'est trop compliqué, elles ne cherchent pas à l'apprendre et s'imaginent que seuls les médecins peuvent palper correctement des seins. Dès le départ elles sont négatives et cette attitude est, en soi, un risque pour leur santé.

Mise en garde:

Il n'existe pas encore de remède unique connu, toujours efficace à 100%, contre le cancer du sein. Nous avons vu beaucoup trop de malades qui, malheureusement, nous arrivaient avec des cancers très avancés parce qu'elles s'étaient fait traiter pendant des mois voire des années avec des herbes, du camphre, de la cire d'abeille ou d'autres potions soit-disant curatives. A une personne qui vient d'apprendre qu'elle est atteinte d'un cancer, il est trop facile de proposer une solution unique et miraculeuse. Encore ici, la pensée positive et les nouvelles connaissances devraient convaincre les lectrices que si une solution réelle existait, il y a longtemps qu'elle serait mondialement appliquée…Ces prétendues thérapies, même si elles ne sont pas toujours toxiques ou nuisibles, risquent fort de faire perdre un temps précieux, de l'argent, la santé, voire même la vie. Par contre, certaines thérapies dites «alternatives» peuvent aider, surtout si elles complètent les traitements médicaux reconnus efficaces, même si ceux-ci ne sont pas toujours aussi efficaces qu'on le désirerait.

Les moyens efficaces:

Pour combattre efficacement le cancer du sein, déclaré et diagnostiqué, il existe certaines armes: la chimiothérapie, l'hormonothérapie, la radiothérapie, la chirurgie, l'immunothérapie et bientôt la bio-thérapie. Pour traiter et éventuellement guérir le cancer du sein, il faut utiliser plusieurs approches simultanément, qui n'agissant pas aux mêmes niveaux, se complètent souvent avec avantage. Il s'agit d'une guerre à mener sur plusieurs fronts par des voies métaboliques différentes. Dans cette guerre, les armes sont les traitements combinés, l'ennemi est le cancer et le soldat, la malade et ses mécanismes de défense. Un soldat qui veut augmenter ses chances de vaincre doit bien connaître son ennemi et encore mieux ses armes.

Rappelons-nous que, même lorsque toutes les mesures ont été prises au meilleur de nos aptitudes, le cancer peut réapparaître sans que l'échec ne soit imputable à la patiente ou au médecin. Dans ce cas-là, il faut comprendre que la parfaite observance de tous les conseils et traitements accroît certainement vos chances, mais hélas, le résultat n'est pas sûr à 100%, car nous ne connaissons pas tout sur le cancer.

Néanmoins, nos connaissances progressent. Ainsi, par la prévention primaire, on peut réduire de 15% à 20% la fréquence du cancer du sein. Avec la prévention secondaire (le dépistage), on augmente de

10% à 15% les survies, et avec des traitements systémiques puissants un autre 25%. A l'aide de ces trois mesures combinées, la mortalité par cancer du sein diminuerait de moitié et cela seulement avec nos connaissances actuelles sans parler de médecines de l'avenir, encore expérimentales comme l'ingénierie génétique et l'immunothérapie adoptive avec l'interféron ou les interleukines, la reconversion ou réhabilitation des cellules cancéreuses en cellules normales par des agents redifférenciants, comme les rétinoïdes et la somatostatine, l'emploi d'agents antiangiogéniques qui diminuent l'apport sanguin aux tumeurs malignes, etc.

Lorsque l'on choisit de combattre ou de prévenir le plus efficacement possible le cancer du sein, il faut avoir la volonté de comprendre et d'utiliser de façon positive les moyens offerts pour tenter de le prévenir, de le diagnostiquer tôt, et aussi de le traiter le mieux possible. Pour améliorer la prévention et l'efficacité des traitements, une approche globale est indispensable : patientes plus informées et conscientes de leur rôle dans le traitement, meilleure communication et compréhension entre médecins et patientes. Plus vous êtes informées, plus faciles sont les choix éclairés.

Chapitre 2

Anatomie, physiologie
et anomalies congénitales
du sein

« Savoir pour prévoir, afin de pouvoir »

Auguste Comte

Introduction :

L'étude des structures anatomiques qui forment le sein se nomme la morphologie ou l'anatomie, celle qui concerne le fonctionnement et ce qui s'y rattache s'appelle la physiologie. Il est important d'étudier l'anatomie et le fonctionnement du sein, et ce pour plusieurs raisons. D'une manière générale, on comprend facilement que bien connaître son corps et ses fonctions permet de mieux saisir l'importance de la prévention de la maladie. Cela est particulièrement vrai, en ce qui concerne le sein. En voici un exemple : l'auto-examen des seins, si on sait comment est constitué l'intérieur du sein, l'interprétation de l'examen sera plus adéquate. Comprenons-nous bien : connaître l'anatomie interne du sein n'est pas obligatoire pour pratiquer l'auto-examen des seins mais elle peut aider grandement, voire rassurer la femme qui le pratique. Ainsi en est-il pour la physiologie du sein. Une bonne connaissance permet de comprendre pourquoi la texture interne de ce dernier varie au cours du cycle menstruel et peut aussi occasionner des douleurs aux seins avant les menstruations. Donc, connaître l'anatomie et la physiologie du sein est facile et peut s'avérer très utile.

L'anatomie du sein :

a) l'anatomie externe de surface :

Vu de l'extérieur, le sein est composé d'une masse globuleuse, d'une aréole et d'un mamelon. Le sein est constitué de peau qui forme l'enveloppe et de tissu graisseux juste en dessous qui enrobe la glande mammaire proprement dite. Le mamelon est une excroissance formée de tissu fibro-élastique ferme, souple, mobile, protubérant en plein milieu de l'aréole qui elle, est une zone circulaire autour du mamelon. Le diamètre et la longueur du mamelon peuvent aussi varier grandement d'une femme à l'autre. En dessous du mamelon et de la partie centrale de l'aréole, se trouve un muscle circulaire dont la contraction allonge et durcit le mamelon. Il existe juste en dessous de la peau rosée de l'aréole, de petites glandes que l'on voit à fleur de peau qui sont les glandes de Montgomery. Le sein est divisé en quatre quadrants par des lignes arbitraires et perpendiculaires qui se croisent au niveau du mamelon. Il n'y a pas de standard idéal ou de normalité en ce qui concerne le volume ou la forme des seins. Cela varie selon les femmes, leur âge, les ethnies, les civilisations et l'imaginaire. Avec l'âge, les seins ont tendance à devenir moins fermes. et à s'affaisser, car ils sont soumis aux lois de la pesanteur. C'est surtout la peau qui les soutient. Quant à leur consistance, elle dépend des constituants internes du tissu mammaire d'abord dense qui, avec l'âge, a tendance à être remplacé par du tissu adipeux, et à devenir flasque.

Les seins sont situés sur les muscles pectoraux et sont attachés à ceux-ci par une couche de tissu conjonctif appelé fascia ou aponévrose. Il est bon de mentionner ici qu'aucun exercice physique ne peut développer les seins. Par contre, les muscles pectoraux peuvent se développer par des exercices appropriés et eux vont dans une certaine mesure, faire ressortir la poitrine davantage. Les seins s'appuyant sur ces muscles seront même un peu remontés par ceux-ci. La grosseur des seins peut varier considérablement d'une femme à l'autre et chez une même personne, les deux seins peuvent ne pas être tout à fait de la même grosseur sans que cela soit anormal. La dimension est largement due à la quantité de graisse présente et n'influe en rien sur la capacité de fonctionnement des seins. Lors de l'allaitement, de petits seins peuvent fournir autant de lait que des seins plus gros. J'aimerais faire une remarque à propos de l'allaitement qui abîmerait ou ferait tomber les seins. Il y a trop de côtés positifs à l'allaitement, tant pour la mère que pour l'enfant, pour rendre l'allaitement responsable de tous les maux qui surviennent aux seins. Je connais des femmes qui n'ont pas eu d'enfant, ni allaité et qui, au milieu de la trentaine, ont des seins flasques et ptosés, c'est-à-dire tombants. Par contre, de nombreuses grossesses et l'allaitement peuvent ne pas aider...

Mais le gain ou la perte de poids à répétition nuisent à la peau qui supporte les seins, autant que les grossesses et l'allaitement. De plus, cela favorise les vergetures. Le port d'un soutien-gorge bien ajusté est souhaitable malgré certaines modes. De bonnes habitudes de vie permanentes avec une bonne hygiène de vie physique et psychologique sont nécessaires. L'affaissement des seins est inévitable, comme l'arthrite, les rides etc., mais il peut être ralenti. De plus, du point de vue psychologique, que l'on soit un homme ou une femme, il faut apprendre à vieillir et s'accepter. La seule façon de vivre longtemps, c'est de vieillir... Certaines femmes ne sont pas satisfaites d'elles-mêmes et par conséquent, ne sont pas satisfaites de leurs seins (Il faut bien blâmer quelque chose ou quelqu'un!). **«Bien dans sa peau, bien dans ses seins»**[2] (33). Cependant, dans certains cas, l'anatomie des seins est tellement disgracieuse qu'il y a place pour une chirurgie esthétique.

b) L'anatomie interne:

Fondamentalement, il faut distinguer dans la glande mammaire deux éléments

• les alvéoles ou acini, éléments sécréteurs de lait

• l'appareil excréteur, l'ensemble des conduits par lesquels circule le lait.

La structure interne du sein est constituée de plusieurs lobes, séparés par des cloisons que l'on appelle «septa», lesquelles sont formées de tissu conjonctif (tissu de soutien). Chaque lobe se divise en plusieurs lobules (alvéoles ou acini) dans lesquels sont disposées les cellules sécrétrices qui produisent le lait de la glande mammaire. La disposition de ces structures pourrait se comparer à une grappe de petits raisins, ces derniers représenteraient les glan-

---

[2] Dr Dominique Gros, *Le sein dévoilé;* p 149, Stock/Laurence Pernoud, Paris 1987.

des sécrétrices formées de cellules, et les tiges, les conduits ou canalicules qui amèneront le lait des cellules sécrétrices vers le mamelon (appareil excréteur). Dans le sein, les canaux des lobules s'unissent pour former un seul canal galactophore pour chaque lobe. Ces canaux principaux convergent tous vers le mamelon un peu à la façon des rayons d'une roue de bicyclette allant de l'extérieur de la roue vers le centre. Avant d'atteindre le mamelon, les canaux s'élargissent pour former de petites ampoules ou petits réservoirs. Dans chaque sein, 15 à 20 de ces canaux parviennent au mamelon. Quant au tissu adipeux (graisse) dont on parlait, il se dépose immédiatement sous la peau et entre les lobes. Le sein a un apport sanguin complexe, ainsi qu'un système de drainage lymphatique relié aux ganglions axillaires (base et sommet) ainsi qu'aux ganglions de la chaîne mammaire interne situés à l'intérieur du thorax.

Au niveau pratique, en ce qui concerne l'anatomie du sein, il est important de retenir cette comparaison avec la grappe de raisins. En effet, ces structures, (lobes et lobules) palpées lors de l'auto-examen des seins, semblent complexes au début, car elles sont perçues comme de petites bosses (ou nodules) mais non significatives. La régularité et le temps vous apprendront à reconnaître ces petites «grappes de raisins» internes ou nodules et à les différencier éventuellement d'une véritable masse dominante encore appelée tuméfaction. Les structures anatomiques du sein sont instables. Leur étude est comme une photographie; selon le moment où la «photographie anatomique» aura été prise, les canaux galactophores pourront être vus rétrécis ou élargis, les lobules réduits ou développés, etc. Ces changements sont intimement liés au cycle menstruel et au fonctionnement du sein dont l'étude constitue le domaine de la physiologie.

La physiologie:

Les seins sont sous le contrôle hormonal des ovaires, eux-mêmes sous le contrôle de l'hypophyse. De la puberté à la ménopause, le sein subira des changements constants. Certains, moins fréquents, seront majeurs comme à la puberté, lors de grossesses et à la ménopause; d'autres seront moins évidents et plus fréquents, se répétant à chaque cycle menstruel. Ces changements, plus ou moins visibles, sont contrôlés par un ensemble d'hormones dont les plus significatives sont les œstrogènes et la progestérone, sécrétées par les ovaires, et la prolactine sécrétée par l'hypophyse.

La puberté:

De la naissance à l'âge de la puberté, les glandes mammaires sont, pratiquement, inactives chez la fillette. Il peut arriver qu'après la naissance, les glandes mammaires du nouveau-né soient activées pendant une courte période (tout au plus quelques jours), des hormones maternelles ayant été transmises au bébé à travers le placenta et le cordon ombilical. Mise à part cette activation accidentelle, les seins seront au repos pendant une période variant de 10 à 15 ans et quelquefois plus. En fait, plus l'activité physique sera intense durant la pré-adolescence et l'adolescence, moins il y aura d'hormones qui seront synthétisées par les ovaires et plus le développement mammaire et menstruel sera retardé. Plusieurs mois avant l'apparition des premières menstruations les seins vont entreprendre un développement rapide pour atteindre leur maturité anatomique et fonctionnelle. Les œstrogènes et la progestérone présentes en grande quantité avant et pendant la puberté sont responsables de la prolifération du tissu mammaire et du développement des seins qui marquent cette étape.

La grossesse :

Les œstrogènes et surtout la progestérone vont, durant les 40 semaines de grossesse, activer la formation des cellules sécrétrices du sein et des cellules des canaux galactophores. Sous l'influence de ces hormones, ces cellules vont croître sans achever leur maturation. Pour les rendre matures, donc fonctionnelles, deux phénomènes qui se produiront à l'accouchement sont nécessaires : la baisse du niveau sanguin de la progestérone et des œstrogènes, et l'augmentation de la prolactine. Tous ces changements sont très apparents non seulement au niveau fonctionnel, aboutissant à la capacité d'allaitement, mais aussi au niveau anatomique où il est facile d'observer un développement rapide des seins. Durant la gestation, en effet, le sein prend beaucoup de volume et devient quelquefois plus sensible. Après la grossesse et l'allaitement, le sein diminue de volume et s'involue pour reprendre en général son apparence normale.

La ménopause :

De la préménopause jusqu'à la ménopause, la quantité d'hormones produites va diminuer graduellement pour s'arrêter définitivement. Ce phénomène aura une grande influence et ce, à trois niveaux. L'anatomie interne et externe du sein sera modifiée, la physiologie aussi, et finalement l'organisme entier devra traverser une période d'adaptation importante. Le tissu glandulaire du sein se transformera, à cause du manque d'hormones, en tissu fibreux et adipeux. Il s'agit d'une véritable résorption ou involution du parenchyme mammaire qui est remplacé par de la graisse. C'est pour cela que les mammographies sont plus faciles à interpréter chez les femmes postménopausées, le tissu adipeux laissant passer les rayons X plus facilement que le tissu glandulaire dont la densité est supérieure. Autre conséquence de cette perte du tissu glandulaire : le sein peut s'affaisser plus ou moins. Ces transformations anatomiques perceptibles sont accompagnées de changements fonctionnels importants. Les cellules des canaux galactophores et les cellules sécrétrices sont mises au repos. Par ailleurs l'organisme entier qui, durant une période de plus de 30 ans, fonctionnait avec la présence cyclique mais régulière des œstrogènes et de la progestérone doit maintenant continuer en l'absence de ces hormones.

A ce changement, peuvent survenir des réactions : les bouffées de chaleur, une diminution de la capacité de concentration, une certaine atrophie des organes génitaux, une sécheresse de la muqueuse vaginale ou un prolapsus (descente de l'utérus et de la vessie) et de l'ostéoporose chez les postménopausées. Heureusement, ces complications ne se produisent pas toujours.

D'ailleurs, il est possible de contrecarrer bien des effets secondaires de la ménopause par une bonne alimentation, riche en calcium et faible en graisse, en conservant une activité physique appropriée, ainsi qu'en prenant des hormones de remplacement. L'hormonothérapie de remplacement (pallier l'absence naturelle des hormones par une prise d'hormones synthétiques) à la ménopause n'est pas dangereuse, sauf pour les patientes qui ont déjà eu un cancer du sein et celles qui présentent une incidence familiale très élevée de cette maladie. Cependant, cette prise d'hormones devrait être considérée plutôt comme un supplément à un mode de vie sain, et non uniquement comme un substitut; un peu comme le diabétique qui ne surveillerait pas son alimentation sous prétexte qu'il prend de l'insuline...

Ces trois périodes de changements importants tant pour l'anatomie que pour le fonctionnement du sein que sont la puberté, la grossesse et la ménopause, se retrouvent dans chaque cycle menstruel. En effet, à une échelle plus réduite, le cycle menstruel répète la puberté, la grossesse et la ménopause.

Le cycle menstruel:

A chaque cycle menstruel, tout l'organisme, incluant les seins, se prépare à une grossesse éventuelle. Au début du cycle, soit du premier au neuvième ou dixième jour, il y a involution des acini, les canaux rétrécissent et les lobules rapetissent; c'est la phase régressive un peu comme pendant la ménopause. À noter que c'est la période la plus favorable pour examiner les seins. Du dixième au seizième jour, sous l'influence des œstrogènes, c'est la phase de réactivation comme à la puberté. Puis l'ovulation survient aux alentours du quinzième jour, et ensuite du seizième au vingt-huitième jour, sous l'influence de la progestérone, c'est la prolifération: les acini se développent et les seins deviennent plus ou moins engorgés, sensibles, et même douloureux. Les cellules épithéliales qui tapissent les canaux galactophores et les cellules sécrétrices vont se multiplier et s'hyperplasier (grossir) rapidement, faisant augmenter la masse mammaire. Chaque mois, le cycle menstruel recrée la situation d'une grossesse hypothétique qui avorte, pour aboutir aux menstruations. A l'arrivée des menstruations, avec la chute des taux hormonaux, les canaux galactophores et les cellules sécrétrices se rétréciront, et le sein reprendra sa consistance plus molle et sera moins engorgé (comme à la ménopause). Si les changements anatomiques et fonctionnels du sein durant le cycle menstruel sont bien moins impressionnants que ceux subis durant les grandes phases de la vie, ils ont cependant le grand désavantage d'être répétitifs. Chaque mois, des milliers de cellules des canaux galactophores sont appelées à proliférer, à se multiplier et augmenter de volume. Ces cycles se répétant, mois après mois, pendant des années, provoquent un remaniement continuel. L'interruption de ces cycles répétitifs (flux et reflux menstruels) par une grossesse occasionne pour les cellules une mise au repos ou du moins un changement qui aurait un effet bénéfique en diminuant les risques de développer un cancer du sein.

Anomalies congénitales

Il existe plusieurs anomalies congénitales des seins qui ne sont pas des maladies mais des variantes de l'anatomie normale. Elles illustrent très bien que, dans l'échelle de l'évolution des espèces, nous descendons des animaux et que ces conditions sont des vestiges de nos origines. Il peut exister une absence complète des seins ou d'un seul sein, ou plus fréquemment, une asymétrie mammaire qui, si importante, nécessitera une chirurgie plastique.

Ce que nous voyons souvent, en pratique médicale, ce sont surtout des seins surnuméraires, sans mamelon, et souvent situés dans les aisselles. Fait intéressant, ils vont aussi varier de volume pendant les cycles menstruels et également augmenter durant les grossesses. Si volumineux, ils peuvent devenir disgracieux et il vaut mieux alors les exciser sous anesthésie locale ou générale.

Autre situation fréquente: la présence de mamelons surnuméraires sur la ligne de lait (ligne embryonnaire qui va de l'aisselle à l'aine). Ils peuvent être sur un seul sein ou sur les deux. S'ils sont trop visibles, on recommande une exérèse chirurgicale sous anesthésie locale, tant pour des raisons d'ordre psychologique qu'esthétique.

Conclusion:

Maintenant que nous avons vu les structures et le fonctionnement du sein, il devient plus facile de comprendre pourquoi il est préférable de pratiquer l'auto-examen des seins quelques jours après les menstruations chaque mois. Pendant cette période, le sein n'est pas gonflé comme à la fin du cycle, les lobules et les canaux galactophores ne sont pas élargis. Il est donc plus facile de palper et de discerner les structures internes. De plus, en examinant les structures anatomiques toujours au même moment du cycle menstruel, celles-ci deviennent plus aisément comparables, mois après mois. Pour les femmes postménopausées, comme il n'y a plus de cycle menstruel, une date fixe, le premier jour de chaque mois par exemple, permet de ne pas oublier de pratiquer son auto-examen. Que ce soit un nombre fixe de jours après les menstruations ou une date fixe pour les femmes postménopausées, c'est la répétition de cette technique qui vous apportera habileté et confiance. Au début, la palpation peut vous sembler déroutante et vous aurez l'impression que votre sein est plein de bosses; c'est normal, souvenez-vous des grappes de raisins. Mais au fil des mois vous reconnaîtrez ces grappes, si bien que si une nouvelle bosse suspecte apparaissait, surtout si elle est dure, vous l'identifieriez rapidement et ceci seulement dans la mesure où vous avez appris à bien connaître la texture de vos seins. D'où l'importance de l'auto-examen fréquent, même plus souvent qu'au mois, dans le bain, sous la douche, en présence d'eau et de savon qui facilitent la palpation. Une attitude mentale positive est bien importante, car si vous partez du principe que vous n'êtes pas capable de faire un bon examen, effectivement vous ne le serez jamais![3]

Une bonne connaissance de l'anatomie et de la physiologie des seins favorise l'auto-examen. Mais en plus, il y a des choses que les femmes peuvent faire pour mieux comprendre certains problèmes en relation avec cette partie de leur anatomie. Comment essayer de conserver des seins les plus normaux possible et le plus longtemps possible? Bien protéger leur peau, éviter le soleil en excès, les salons de bronzage sur les seins, les bains trop chauds, le tabac, ne pas varier de poids excessivement et trop rapidement, etc. Des lotions, compresses d'eau froide, massages et crèmes peuvent aider la peau, mais n'ont pas grand effet sur la glande mammaire elle-même. Beaucoup de femmes devraient être plus indulgentes envers leurs seins. Certes, il y a des facteurs héréditaires, mais aussi des facteurs reliés au mode de vie physique et psychologique. En vieillissant, une femme bien équilibrée, épanouie, va trou-

---

[3] NB: Il existe de nombreuses brochures et de bons vidéos sur l'auto-examen des seins.

ver ses seins souvent plus normaux qu'une femme frustrée, mal aimée et hypocondriaque. Avant de vouloir à tout prix se faire «arranger» les seins grâce à une chirurgie dite esthétique, la patiente a tout à gagner à consulter un spécialiste indépendant et objectif. Après une chirurgie esthétique bien indiquée et justifiée, beaucoup de femmes sont satisfaites. Par contre, lorsque les indications ou motivations sont relatives, souvent elles risquent d'être déçues en plus d'hériter de cicatrices...

Chapitre 3

Épidémiologie

**Étude des facteurs pouvant contribuer
à l'apparition de la maladie**

---

*« L'épidémiologie s'intéresse aux hommes plus
qu'aux souris, aux populations plus qu'aux individus, l'éthique collective est son violon d'Ingres,
la statistique sa canne, l'éradication des états
pathogènes son but »*

H. Sancho-Garnier.

Pourquoi étudier l'épidémiologie ?

Quand on veut prévenir une maladie, il faut connaître tous les facteurs qui peuvent la causer. Dans
le cas du cancer du poumon, la cigarette a été identifiée comme facteur prédominant. Une recherche
épidémiologique a démontré que 85 % des gens
atteints de cancer du poumon étaient des fumeurs,
les autres étant souvent des fumeurs passifs
(inhalant sans le vouloir la fumée des fumeurs
avoisinants). Nous pouvons donc conclure avec raison que le tabagisme joue un rôle primordial comme
agent causal du cancer du poumon. Qui veut diminuer ses risques de cancer pulmonaire ne doit donc
pas fumer ou doit cesser de fumer. L'idéal est certainement de prouver scientifiquement une relation
de cause à effet. Mais plusieurs maladies, dont de
nombreux cancers, demeurent encore des énigmes

pour la science. Lorsqu'il est impossible de déterminer une relation de cause à effet, les études épidémiologiques permettent d'apporter, sinon la solution, au moins des éléments de réponse. En ce qui concerne le cancer du sein, on peut en comparer l'incidence d'un pays par rapport à un autre. Ainsi, en cas de variations, nous pourrons étudier ce qui diffère dans le mode de vie, l'alimentation, les facteurs héréditaires, les facteurs sociaux, environnementaux, etc., de ces deux populations. On peut ainsi découvrir non pas nécessairement les mécanismes intimes de la cancérisation mais plutôt les «facteurs de risque» du cancer du sein. Ces études posent des questions comme: «Un excès d'apport alimentaire augmente-t-il les risques du cancer du sein?». Si la réponse à cette question est: «Oui» (et elle l'est), cela ne signifie pas que trop manger cause invariablement le cancer du sein mais favorise plutôt les risques de le développer, toutes autres considérations étant égales. Ainsi, chez deux personnes du même âge, avec le même nombre d'enfants, ayant à peu près le même niveau de vie, etc, celle qui mange en excès et trop de gras augmente ses risques de développer un cancer du sein par rapport à l'autre.

Mise en garde:

La nuance que nous venons d'apporter sur la différence entre une cause et un facteur de risque est des plus importante et ce pour plusieurs raisons. D'abord, au niveau de la compréhension même de ce chapitre. Il faut bien comprendre que nous traiterons des «facteurs de risque» qui ne sont pas les causes directes du cancer du sein. En fait, même si on évitait tous les facteurs de risque connus, on pourrrait encore être atteint d'un cancer du sein; mais les risques seraient moindres. À ce niveau, interviennent les facteurs héréditaires et d'autres, plus difficilement contrôlables par l'individu, comme par exemple la pollution du milieu environnant. On pourrait, afin de mieux comprendre, comparer les facteurs de risque à la conduite automobile. Conduire en état d'ébriété augmente beaucoup les risques d'un accident. Mais on peut également prendre le volant tout à fait sobre et avoir aussi un accident; les risques sont plus faibles mais existent tout de même. Toute aussi importante est cette notion de facteurs de risque, afin d'éviter la culpabilisation. Même si vous aviez tout fait pour éviter le cancer du sein par une alimentation exemplaire, un mode de vie sain et un effort constant pour conserver une parfaite santé, vous pourriez quand même en être victime et vous ne devriez jamais vous sentir coupable, puisqu'il existe toujours des facteurs de risque incontrôlables ou des causes encore inconnues. En résumé, la vigilance quant aux facteurs de risque permet de mettre plus de chances de votre côté mais sans pour autant offrir de garantie contre le cancer. Nous pouvons néanmoins mieux comprendre les mesures de prévention pour les appliquer d'une façon plus intelligente.

L'incidence du cancer du sein:

Une femme sur neuf vivant en Amérique du Nord risque de contracter un cancer du sein au cours de sa vie. Aux États-Unis, chaque année, sur plus de 180 000 nouveaux cas de cancers du sein, 50 000 femmes et 300 hommes en décèdent. Au Canada en 1995, le nombre de décès s'établit à 5 400 femmes. L'incidence annuelle du cancer du sein sur 100 000 femmes est de 86 au Québec, et le taux annuel de mortalité, toujours pour 100 000 femmes est de

29%. Le cancer du sein est cause de décès par cancer chez 20% des femmes. Chaque jour, 45 Canadiennes apprennent qu'elles ont un cancer du sein, et chaque jour 14 en meurent. Le cancer du sein progresse constamment de 1.5% par an. On prévoit qu'en l'an 2000, au lieu d'une femme sur neuf comme actuellement, le pourcentage pourrait atteindre une sur huit! Cette augmentation vaut pour tous les groupes d'âge incluant les jeunes femmes. De meilleurs moyens de diagnostic ne suffisent pas à expliquer cette augmentation importante, ni le fait que les femmes vivent plus longtemps.

Incidence selon les pays :

Si vous êtes née et vivez au Japon, vous risquez six fois moins de contracter un cancer du sein que si vous êtes née et vivez au Canada. Par contre, les femmes d'origine japonaise vivant au Canada auront, après une ou deux générations, développé le même risque que les Canadiennes. Sur 42 pays répertoriés, le Canada et les États-Unis occupent l'une des premières positions en ce qui concerne le pourcentage de cancer du sein, et le Japon la trente-huitième. Voilà pourtant trois pays industrialisés où le niveau de vie est comparable. Par contre, le nombre des cancers de l'estomac et de l'œsophage au Japon est très élevé à cause d'un régime alimentaire riche en salaison et mets fumés, etc.

Hérédité et facteur de risque :

En ce qui concerne l'hérédité, les statistiques démontrent que les risques pour une femme sont 2.5 fois plus élevés si sa mère a été atteinte du cancer du sein en préménopause ; ils sont deux fois plus élevés si sa sœur en a été victime. Ce phénomène est dû à des facteurs génétiques et à des facteurs familiaux. En effet, les membres d'une même famille ont habituellement des modes de vie et des habitudes alimentaires très semblables. Pour résumer le rôle de la génétique et de l'hérédité, mentionnons que :

• des maladies génétiques (syndrome de Li-Fraumeni, syndrome du cancer sein-ovaire et maladie de Cowden) entraînent systématiquement une forte prédisposition au cancer du sein chez celles qui en sont atteintes. Des gènes spécifiques sont maintenant localisés sur la cartographie génétique de ces patientes (ainsi que chez les hommes biologiquement apparentés).

• les statistiques montrent une plus forte prépondérance du cancer du sein (2 à 2,5 fois) à l'intérieur de certaines familles.

On a récemment découvert deux gènes, le BRCA[1] et le BRCA[2], responsables d'une forme de cancer héréditaire du sein. De tous les cancers du sein, 5 % sont attribuables à ces gènes. Les médecins seront tenus de faire voir en consultation «génétique» certaines de leurs patientes à haut risque dans le but d'enrayer la maladie avant même qu'elle n'apparaisse. En d'autres termes, on pourra de plus en plus diagnostiquer les personnes qui présentent de grands risques (56%) de développer un cancer du sein et cibler davantage le dépistage et même la prévention primaire chez ces sujets.

La fonction reproductrice :

Le lien entre le cancer du sein et la fonction reproductrice est bien établi. La patiente typique du cancer du sein est une femme dans la cinquantaine avancée qui n'a jamais eu d'enfants, ou qui en a eu peu et cela après 30 ans. Ainsi, une femme qui donnerait naissance à son premier enfant à l'âge de 35 ans ou plus, aurait deux fois plus de chances d'avoir un cancer du sein qu'une femme qui aurait eu son premier enfant vers 20 ans ou avant. Ce facteur de risque augmente de 2,3 fois chez une femme qui n'a jamais eu d'enfant. Les données épidémiologiques suggèrent qu'une grossesse dans la vingtaine ou avant, aurait un effet protecteur contre le cancer du sein, tandis qu'une première grossesse à 35 ans ou plus ne présente plus d'effet protecteur.

La prise d'hormones:

La pilule anticonceptionnelle et les hormones de substitution à la ménopause et après:

Nous savons maintenant que bien des cancers du sein sont dépendants des hormones et nous venons de voir l'effet protecteur d'une grossesse à l'âge de 20 ans ou avant. Tout ceci confirme le rôle des hormones dans la genèse du cancer du sein. Par ailleurs, certaines pilules contraceptives contiennent des œstrogènes alors que d'autres contiennent des œstrogènes et de la progestérone. Ces pilules pourraient-elles stimuler le cancer? En fait les études récentes effectuées sur des dizaines de milliers de femmes utilisant ou non la contraception orale n'ont pas été concluantes. Par contre, chez les jeunes filles de 14, 15 et 16 ans, la pilule serait nuisible.

De nos jours, les doses d'œstrogènes sont les plus faibles possible tant pour les pilules anticonceptionnelles que pour l'hormonothérapie de remplacement, hormones que l'on donne aux alentours de la ménopause ou après, pour diminuer les bouffées de chaleur, enrayer l'ostéoporose, etc. En général, les avantages retirés d'hormones à faibles doses, sont très supérieurs aux inconvénients reliés au sein ou à l'utérus. Cependant, chez les patientes péri ou post-ménopausées présentant une prédisposition familiale élevée de cancer du sein, il serait préférable de s'en abstenir et en particulier, si administrées pour plus de cinq ou dix ans. Les études épidémiologiques sont contradictoires. Elles ont montré une tendance légèrement plus élevée au cancer du sein, par contre elles réduisent nettement les risques d'ostéoporose et d'accidents cardiovasculaires.

Les femmes ne devraient pas oublier que l'hormonothérapie devrait faire partie d'une démarche globale de préservation de la santé. Les hormones ne sont pas les seules à prévenir l'ostéoporose et les maladies cardiovasculaires. La prise d'hormones de substitution, à la ménopause et après, perd de sa valeur si on continue à fumer, à consommer trop d'alcool, à mal se nourrir et à ignorer l'exercice. L'hormonothérapie n'est qu'un complément et relève souvent d'un choix personnel. Bien qu'utile pour la majorité des femmes, pour une période de cinq à dix ans, néanmoins je ne la recommande pas pour celles à risques élevés du cancer du sein.

L'alimentation, l'obésité et le cancer:
«On est ce que l'on mange»

Les chercheurs épidémiologistes, Doll et Peto estiment qu'au moins le tiers des cancers est relié aux habitudes de vie. On sait que les Mormons, les «Seventh Day Adventists» et les Témoins de Jéhovah présentent nettement moins de cancer à cause de leurs habitudes alimentaires et d'un mode de vie plus naturel exigés par leur religion. De plus, ils ne fument pas, ne boivent pas d'alcool et évitent les pilules inutiles. Bien des études épidémiologiques ont montré que l'alcool, associé au tabac, et la consommation abusive de médicaments favorisent de nombreux cancers. On ne devrait pas dépasser deux consommations ou deux verres de vin par jour.

C'est surtout à la quantité d'aliments ingérés qu'il faut prendre garde. Une surconsommation alimentaire augmente les risques de cancer. Mais si la quantité d'aliments ingérés est importante, le type d'aliments l'est aussi. Si on classe 39 pays selon leur consommation de matières grasses, on retrouve une courbe identique à celle du cancer du sein. Ainsi, au Canada et au Québec, où la consommation de gras est de 140 à 150 mg par jour, les risques de cancer du sein sont de cinq à dix fois supérieurs à ceux d'un pays où la consommation de gras se situe autour de 50 mg par jour comme au Japon. Une forte ingestion de gras et l'obésité pourraient altérer les mécanismes de synthèse hormonale faisant en sorte que plus d'hormones seraient produites sur une plus longue période, favorisant ainsi la cancérogénèse. Le gras, surtout celui des viandes rouges, des œufs et du bacon doit être limité (entre 20 % et 25 % des calories totales ingérées). Certaines études sont contradictoires en ce qui concerne le rapport entre cancer du sein et quantité de gras consommé. Mais, souvent, les études qui ne font pas ces relations ne s'étendent pas sur la vie entière. Pour le cancer du côlon et de la prostate, le rapport est mieux prouvé. De plus, le genre de gras consommé est également important. Les graisses d'origine végétale comme l'huile d'olive, en particulier, de certains poissons, seraient beaucoup moins nuisibles (diète méditerranéenne).

Les traumatismes :

Au début du siècle, un certain courant de pensée prétendait que le cancer du sein originait d'un traumatisme antérieur. Un coup, une blessure ou une brûlure pourrait déclencher le cancer. De nombreuses recherches ont démontré que ces hypothèses étaient fausses. Quand le cancer apparaît à l'endroit d'un traumatisme antérieur, il ne s'agit que d'un hasard. Ce cancer aurait pu se développer n'importe où, ailleurs dans le sein. Si les traumatismes pouvaient provoquer le cancer, celui des pieds devrait être fréquent alors qu'il est extrêmement rare.

Les facteurs socio-économiques :

Les recherches comparant l'espérance de vie entre un quartier huppé et un autre défavorisé, d'une même ville, ou qui étudient la longévité humaine entre races blanches ou noires, démontrent que l'espérance de vie augmente avec le niveau socio-économique. M.D. Nelson, dans une étude américaine, démontre que le taux de mortalité chez les enfants âgés de 28 jours à dix-sept ans est de 2,7 fois supérieur chez les familles bénéficiaires d'aide sociale.

Plusieurs théories ont essayé d'expliquer cette inégalité socio-économique devant la maladie. Plus faible scolarisation, manque de connaissances sur la santé et la prévention, alimentation moins variée et souvent moins saine (plus de gras, de sucre, etc), moins d'exercices physiques, réactions psychologiques plus primaires avec moins de contrôle du stress, font tous partie d'un mode de vie conduisant à un risque plus élevé de contracter des maladies, incluant le cancer.

Wilkinson, un chercheur américain, remarqua que plus l'écart de revenu est grand entre deux classes sociales, plus les variations dans la santé sont notables. Autrement dit, non seulement le statut socio-économique est responsable, mais le facteur déterminant porte sur l'écart entre deux classes. Ce qui pourrait expliquer qu'entre deux pays fortement industrialisés comme le Japon et les États-Unis, le Japon, un pays plus égalitaire, affiche une incidence de cancer du sein beaucoup plus faible que celle des États-Unis où l'écart entre le plus pauvre et le plus riche est très grand. Marc Renaud, un sociologue québécois, apporte une explication à ce phénomène en avançant que le sentiment d'impuissance omniprésent dans les classes défavorisées serait à l'origine de ces différences dans la santé d'une population. Le point commun résiderait dans le fait que certains ont davantage le sentiment de gérer leur vie, de contrôler leur stress ou de pouvoir réaliser quelque chose de concret pour préparer leur avenir. En effet, l'inégalité dans la maladie peut être si forte que les facteurs de l'hérédité et de l'alimentation combinés ne peuvent être les seuls invoqués.

Les facteurs environnementaux:

L'épidémiologie observe une plus forte incidence du cancer du sein dans les pays les plus industrialisés donc potentiellement les plus pollués. D'autres études entre autres commandées par Greenpeace, voient un lien entre la proximité d'un centre d'enfouissement de déchets et l'incidence du cancer. Finalement, des chercheurs suédois de l'Université d'Uppsala, s'interrogeant sur l'augmentation de tous les types de cancers, les relient à l'accroissement des substances cancérigènes polluant l'air et l'eau, cette tendance se maintiendrait à la hausse.

En résumé :

Le cancer du sein est l'un des cancers les plus fréquents et les plus dangereux chez la femme. Cette incidence est variable selon les pays. Élevée en Europe occidentale et en Amérique du Nord, elle est très faible en Asie. L'incidence annuelle mondiale des cancers du sein sera, en l'an 2000, probablement supérieure à 1 000 000 de cas. Les études épidémiologiques ont permis de souligner certains facteurs de risque. D'après des études récentes, l'apport énergétique en excès, l'obésité, la consommation élevée de gras animal et d'alcool semblent favoriser l'augmentation des cancers du sein, de même que la prise d'hormones au delà de 5 à 10 ans en particulier chez les femmes à risques élevés. Beaucoup de ces facteurs se tiennent ou vont de pair. On estime actuellement que 20 % à 25 % des cancers du sein sont liés à un facteur héréditaire. L'apparition de ce cancer augmente graduellement, même chez les femmes jeunes. Par contre, les taux de mortalité n'augmentent plus et même commencent à diminuer ! C'est là une preuve que l'on guérit davantage de cancers du sein...La plus grande partie de l'augmentation s'observe chez les patientes avec tumeurs plus petites et sans ganglions positifs grâce aux meilleurs moyens diagnostiques. Aux États-Unis, des 180 000 nouvelles patientes diagnostiquées annuellement avec un cancer du sein, 80 % ont ce que l'on appelle un stade clinique I ou II, et approximativement les deux tiers n'ont pas de ganglion axillaire positif à l'examen histopathologique. De plus, les traitements systémiques combinés ainsi que le diagnostic précoce commencent à faire diminuer les taux de mortalité, en particulier chez les femmes en dessous de la soixantaine.

Les facteurs de risque les plus importants sont :

• Un cancer du sein diagnostiqué antérieurement chez la patiente.

• Une histoire familiale de cancer du sein :

    a) mère en préménopause, surtout si le cancer était bilatéral

    b) sœurs

    c) mère en postménopause.

• L'âge de la patiente.

• Une première grossesse tardive.

• Le nombre de grossesses (peu ou pas de grossesses).

• Des premières menstruations précoces et une ménopause tardive.

• Certaines habitudes alimentaires comme la consommation excessive de gras animal sur une longue période depuis l'adolescence.

• L'obésité et l'excès d'apport énergétique.

• Certaines formes de mastopathies fibro-kystiques (formes hyperplasiques)

• L'absence d'allaitement.

• Le manque d'exercice physique est un facteur trop sous-estimé, non seulement par les patientes mais aussi par les médecins eux-mêmes.

Le fait que les femmes aient moins d'enfants et qu'elles les aient plus tard dans leur vie joue un rôle dans l'augmentation du cancer du sein. La grossesse, puis l'allaitement possible, interrompent le cycle menstruel pendant des mois, ce qui met au repos l'épithélium des canaux du sein, par rapport à ces perturbations mensuelles normalement incessantes. En fait, ce sont surtout les grossesses «jeunes» qui protègent la femme contre le cancer du sein. Tous ces facteurs, permettent de comprendre pourquoi le nombre de cancers du sein augmente mais ne suffisent pas entièrement à expliquer pourquoi l'incidence réelle croit, en particulier chez les femmes jeunes. Beaucoup de médecins, même spécialistes, se plaisent à répéter que la diète n'a rien à voir, que la prise d'hormones et la pollution non plus. Pourtant l'incidence du cancer du sein augmente rapidement (1.5% par année), et ce, dans tous les groupes d'âges, y compris les jeunes femmes! Chez ces dernières, dans la vingtaine ou début de la trentaine, le diagnostic précoce ou l'absence de grossesse quelques années auparavant, peuvent difficilement en être la cause. Certains facteurs de promotion, tels la diète et la prise de pilules anticonceptionnelles, en particulier à l'adolescence, font suite à une induction probablement beaucoup plus précoce que l'on pense.

Certaines études épidémiologiques paraissent contradictoires. Cependant, il faut comprendre la complexité du problème. Par exemple, en ce qui concerne le gras animal, ceux qui consomment beaucoup de fruits, de légumes et de grains entiers comme les graines de lin, (aliments qui préviennent le cancer), sont beaucoup moins enclins à se gaver de nourriture grasse et de calories vides.

Retenons que l'absence de facteurs de risque n'est pas, en soi, suffisante pour éliminer la potentialité d'un nodule ou d'une masse dominante d'être cancéreux. Trop souvent, l'examen médical n'est pas poussé assez loin, tout simplement parce que la patiente est trop jeune ou qu'il n'y a pas d'incidence familiale. Près de 80% des cas de cancer du sein surviennent chez les femmes qui n'ont pas vraiment d'histoire familiale dans ce domaine.

Bien connaître l'épidémiologie permet de mieux comprendre la prévention. Cependant, on ne peut dire aux femmes de choisir une mère japonaise, ni leur conseiller d'avoir 10 enfants en commençant à l'âge de 18 ans, ou se faire amputer les deux seins (comme certains chirurgiens américains le préconisent) dans un but préventif. Des moyens, au niveau prévention primaire, permettent tout de même de faire quelque chose et d'agir positivement, ainsi qu'au niveau prévention secondaire (diagnostic précoce) et traitements. Le but de ce livre est d'ailleurs de présenter ces moyens.

Chapitre 4

La prévention

« Tout autant que l'action curative, sinon davantage, c'est l'action préventive qui offre les plus grandes chances d'améliorer la santé ».

R. Doll

« Malheureusement, souvent le malade est plus reconnaissant à la médecine qui le guérit qu'aux conseils qui le préservent ».

Vincente Espinel (1550-1624)

Préambule :

Les budgets de la santé publique atteignant leur limite, il y a tout lieu de croire que la prévention deviendra un impératif à la mode. Mais comment persuader les gens d'abandonner le tabac, l'alcool, la suralimentation, le bronzage, etc, s'ils ne connaissent pas les dangers inhérents à ces excès ou la motivation qui les pousse ? Malheureusement en général, on ne modifie ses habitudes que lorsqu'on n'a plus le choix. La médecine thérapeutique engendrera des coûts sans cesse plus élevés pour soigner relativement peu de gens, et avec des résultats mitigés. Par exemple, la fréquence élevée du cancer de la peau, du poumon et de nombreux autres cancers pourrait diminuer des trois quarts parmi une population bien informée, convaincue et surtout plus responsable de sa santé. Un changement d'attitude et une prise en charge personnelle sont indispensables pour conserver la santé... Cette conscientisation aux comportements, adoptée dès la petite enfance, serait essentielle pour diminuer l'incidence du cancer. Soyons-en convaincus et évitons de penser que le cancer, comme les accidents, «n'arrive qu'aux autres». Ce chapitre vise, précisément, à expliquer l'importance de la prévention et à dégager les mesures préventives contre le cancer du sein, même si ce dernier est moins sensible à ces mesures que bien d'autres cancers. Une attitude mentale saine et modérée et un bon équilibre psychique sont nécessaires.

Définitions :

Plusieurs confondent prévention primaire et prévention secondaire ou dépistage. Établissons donc immédiatement comment se caractérisent ces deux concepts. D'abord la **«prévention primaire»** vise à ce que la maladie n'apparaisse pas. Elle contrecarre directement l'initiation ou la promotion du cancer ; par exemple, le fait de s'abstenir de fumer est un geste de prévention primaire pour enrayer les cancers du poumon, de la bouche, du larynx, de la vessie, etc., et plusieurs autres maladies graves. Par ailleurs, la **«prévention secondaire»** ou dépistage, a pour but de détecter la maladie, le plus tôt possible, à un stade très précoce, afin d'optimiser les traitements. Ainsi, la mammographie permet de détecter de très petits cancers, mais n'a jamais prévenu le développement d'un cancer. Pour augmenter la survie au cancer du sein, ces deux formes de prévention, primaire et secondaire, sont essentielles, et doivent être suivies le plus fidèlement possible.

La prévention primaire est à la portée de tous. Elle coûte peu. Il s'agit de modifier ses habitudes. On relie le cancer du poumon à la cigarette, mais on pourrait tout aussi bien parler des cancers cutanés résultant de la mode stupide du bronzage soi-disant plus «sexy», alors qu'au siècle dernier, c'était le contraire! C'est ainsi qu'on se fera «griller» au soleil, pendant des heures et des heures! Ou même on s'abonne aux salons de bronzage! Certains vont s'enduire d'écrans solaires, s'imaginant qu'ils peuvent ainsi s'adonner à leur «cuisson» favorite sans danger! Il est évident que ces enduits aident à protéger l'épiderme mais pas complètement. D'ailleurs, la fréquence des cancers cutanés augmente considérablement, y compris celle du mélanome, un des cancers les plus dangereux qui existent.

La prévention primaire:

Plusieurs médecins croient qu'il n'existe pas de prévention primaire du cancer du sein! Cette façon de penser remontant à plusieurs années, est insoutenable actuellement.

La prévention primaire se situe en amont de la maladie. Son but est de diminuer la formation du cancer en supprimant l'exposition aux facteurs de risque ou en se protégeant contre l'action de ces facteurs. En ce qui concerne la prévention primaire du cancer du sein, certaines recommandations peuvent être fournies à la population en général... (79) Même si l'efficacité n'est pas encore prouvée à 100%, il faudrait éviter d'être les derniers à changer nos habitudes alimentaires: moins de gras animal, de viandes rouges comme le bœuf, le porc, l'agneau, (en particulier l'acide linoléique), moins de fritures, moins de calories vides (pâtisseries, liqueurs douces, sucres raffinés, qui agissent sur le poids), moins d'alcool. Ces mesures ne peuvent en aucun cas nuire aux patientes qui ne demandent pas mieux que de se prendre en charge en adoptant un mode de vie plus sain, avec exercices physiques, etc.

Certaines études épidémiologiques chez l'humain, et expérimentales sur l'animal, démontrent que la consommation de viandes rouges augmente l'incidence de bien des cancers comme celui du côlon, de la prostate, du lymphome et à un degré moindre, celui du sein. C'est surtout les graisses saturées, provenant des animaux qui en sont responsables. Les graisses d'origine végétale le sont moins. Une réduction de 10 % à 20 % des calories sous forme lipidique serait suffisante pour diminuer la fréquence du cancer du sein, en particulier celui de la femme postménopausée. Certaines études chez des patientes ayant déjà eu un cancer du sein, sont effectuées pour vérifier si le pronostic peut être amélioré en réduisant de 20 % la diète en gras animal, par rapport à un groupe témoin de patientes également porteuses d'un cancer du sein, mais dont la diète nord-américaine normale atteint 35 % à 40 % de calories en lipides. Chez l'animal, la diminution en lipides améliore incontestablement le pronostic. C'est surtout l'excès d'apport calorique qui constitue un facteur de risque. Les graisses contiennent beaucoup de calories ainsi que les sucreries et l'alcool (calories vides), d'où l'importance de ne pas en abuser. Chez la femme, une conclusion identique est plus que probable, et les résultats préliminaires de ces recherches sont encourageants. Il ne faut évidemment pas abuser des boissons alcoolisées, surtout fortes (40 % et plus). Il semble bien que l'alcool stimule la production des œstrogènes et augmente l'incidence du cancer du sein d'après certaines études épidémiologiques (Dr Walter Willett, de Boston). Il existe plusieurs vieux préjugés tenaces dont il faut se méfier, par exemple : un peu d'alcool ne peut pas faire de mal..., un enfant présentant un peu d'embonpoint est un enfant en bonne santé... Il n'y a pas encore si longtemps, en Italie du Sud et en Espagne, une femme de 30 ans et plus qui n'était pas «forte» (plus précisément obèse) était considérée comme malade selon l'opinion populaire..., prendre du soleil est bon pour la vitamine D, etc. Il faut se méfier de ces vieux dictons ou croyances, souvent erronés, et penser à la modération.

Aliments recommandés, éviter le gras :

La volaille sans la peau, les poissons, les viandes maigres en quantité modérée et surtout les fruits et légumes sont des aliments fortement recommandés. Les légumes oranges et jaunes comme les carottes, les courges, les fèves de soya et les navets, les légumes verts en feuilles incluant les épinards, le brocoli et même le thé vert, constituent une source riche en vitamine A, dont l'action anticancérigène est reconnue. La vitamine A serait encore plus efficace contre le cancer lorsque sa source provient des aliments plutôt que des pilules. La vitamine A joue un rôle essentiel dans le maintien de la différenciation de la croissance cellulaire. D'après les chercheurs Richard Péto et ses collaborateurs, l'effet protecteur de la vitamine A serait bénéfique pour certains cancers comme ceux du poumon, de la bouche, de l'œsophage, mais l'est un peu moins pour les cancers du côlon et du sein. Certaines études ont démontré que l'administration de rétinoïdes (acide rétinoïque 13-Cis) diminuait d'une façon très sensible l'apparition d'un second cancer de la bouche et de la gorge. Un léger supplément en vitamines A, C et E en particulier est de plus en plus considéré comme utile dans la prévention de certains cancers, bien qu'encore une fois, **le mieux est de puiser ces vitamines dans un régime alimentaire idéal incluant beaucoup de fruits et de légumes**.

Les agrumes, les fraises et les légumes comme les tomates, le brocoli, les piments et les pommes de terre, renferment de la vitamine C. Cette vitamine agit probablement comme antioxydant en bloquant la transformation des nitrites et des nitrates qui se retrouvent, en particulier, dans certains agents cancérigènes.

Les grains entiers, les fèves sèches, les légumes et les fruits contiennent tous de la vitamine E. Cette dernière est également un antioxydant agissant comme agent protecteur de certaines formes de cancer, et dont le rôle chez l'humain est de plus en plus reconnu en tant qu'agent efficace contre le cancer et même contre la thrombose coronarienne. Nous-mêmes prescrivons de la vitamine E depuis une vingtaine d'années. Le lait 1 % ou écrémé, le yogourt, les sardines, etc. sont recommandés pour le calcium qu'ils fournissent. Le magnésium aussi est important.

Le sélénium est un métal qui agit également comme antioxydant. Il se trouve dans les fruits de mer, certaines viandes, les grains entiers et les tomates.

Les fibres non solubles contenues dans les grains entiers, les fruits, les légumes et les haricots secs, activent les fonctions intestinales et peuvent aider dans la prévention de certains cancers, comme ceux du côlon, du rectum et probablement celui du sein. En diluant les agents cancérigènes dans le côlon, ils diminuent ainsi le temps d'exposition de ces substances nuisibles à la surface des muqueuses du côlon en activant le transit des selles.

Le brocoli, le chou frisé, le chou, les choux de Bruxelles et les choux-fleurs appartiennent tous à la famille des crucifères. Ils contiennent aussi des agents antioxydants (indoles) et sont reconnus comme des aliments pouvant prévenir bien des cancers. Dans ce monde rempli de polluants cancérigènes, il est rassurant de constater que la nature nous a pourvus d'une foule de substances préventives, dont les fèves soya, le thé vert et toutes celles mentionnées ci-dessus.

Les modes de cuisson :

Autres considérations pratiques au point de vue alimentaire pour favoriser un régime anti-cancer : une cuisine simple, sans cuisson à base de beurre noir ou cuisson excessive, notamment les fritures, les grillades au gaz propane, les viandes braisées sur charbon de bois et les aliments fumés. Tout au moins ne pas en abuser, car ces modes de cuisson imprègnent les aliments de substances cancérigènes (exemple : 3,4-benzopyrène). Évidemment, il faut penser modération : quelques «barbecues» par été ne sont pas nuisibles, mais leur répétition plusieurs fois par semaine est certainement à déconseiller. Par ailleurs, la sur-cuisson est moins nutritive. En particulier pour les légumes, les cuissons prolongées dans l'eau ont tendance à les priver de leurs vitamines. Idéalement, les légumes : brocoli, choux-fleurs, carottes doivent être consommés encore un peu fermes. L'utilisation de «marguerites» pour la cuisson des légumes évite, en bonne partie, la disparition des vitamines dans l'eau de cuisson. Les diététistes peuvent répondre à toutes les questions se rapportant à la cuisson des aliments et il existe d'excellents ouvrages en librairie sur ce sujet. Il est important de connaître les bons aliments, la façon de les apprêter et surtout d'en manger en quantité suffisante. **Retenir qu'au point de vue nutrition, il faut une diète équilibrée et très variée. Ne creusez pas votre tombe avec vos dents!**

L'exercice physique et la prévention:

L'activité physique constitue l'un des meilleurs moyens de rester en bonne santé, pas seulement en prévenant les maladies cardiovasculaires, le diabète, l'hypertension mais aussi bien des cancers. L'exercice physique favorise non seulement les muscles et les os mais tient aussi le corps en forme en aidant à conserver un poids corporel normal, régulariser le système hormonal ainsi que plusieurs processus biologiques, apportant un état général équilibré: une bonne homéostasie. Plus on est physiquement actif, mieux cela vaut. Une bonne marche de trente minutes, trois fois par semaine, ou un peu de natation peut être suffisant pour conserver la bonne forme et assurer un bon état général. Dites-vous bien que le cancer n'arrive pas soudainement un beau jour, mais découle plutôt d'un processus lent qui prend des années, voire des décennies à survenir. L'exercice physique tend à diminuer le taux d'œstrogène dans la circulation sanguine, retardant ainsi l'âge des premières menstruations chez les filles. C'est un phénomène connu chez les jeunes athlètes féminines. Cette diminution d'œstrogène sanguin stimule le système immunitaire.

Un sommeil naturel:

Il est important de dormir normalement et à des heures fixes, sans prendre régulièrement de tranquillisants ou de pilules pour dormir. Si vous souffrez d'insomnie, efforcez-vous de ne pas trouver la solution dans des pilules comme béquilles, à part certaines grandes périodes de stress. Les somnifères peuvent aider au début mais aussi vous entraîner dans un cercle vicieux et même nuire à une bonne nuit de sommeil naturel. Ces médicaments en agissant au niveau du système nerveux central peuvent influencer la sécrétion de prolactine, qui, d'après certains auteurs, pourrait être incriminée dans le développement de certaines tumeurs du sein. Essayez de contrôler votre anxiété naturellement, si possible, ou n'hésitez pas à consulter un spécialiste: psychologue, psychiatre ou professionnel spécialisé dans ce domaine. Il existe des cliniques de sommeil très utiles à cet effet. Pour les personnes âgées, s'il faut absolument un médicament, de faibles doses de mélatonine seraient utiles.

Les défenses immunitaires et la prévention:

Une mauvaise nutrition, des habitudes de vie erronées et un abus de médicaments (somnifères, calmants, etc.) peuvent affaiblir le système naturel de défense (immunitaire) contre les infections et le cancer. À l'inverse, de saines habitudes et un mode de vie équilibré avec, si possible, un certain contrôle du stress, constituent les meilleures défenses contre la maladie en général et le cancer en particulier. En général, le cancer n'est pas souvent un événement isolé qui frappe sans avertir, pas plus d'ailleurs, qu'un coup de foudre par beau temps...

Les médicaments (chimio-prévention):

La prévention primaire à l'aide de médicaments, en est encore au stade expérimental et s'adresse surtout aux patientes à risque élevé. Plusieurs approches dans ce sens sont examinées: l'une consiste à utiliser à hautes doses la vitamine A qui comprend des rétinoïdes, jumelée ou non, à un régime à faible teneur en gras (hypolipidique). Une autre approche est hormonale et consiste en l'utilisation d'un agent antiœstrogénique: le tamoxifène. C'est un antiœstrogène relativement peu toxique actuellement étudié par plusieurs centres de recherche dans le monde (britannique, suédois, italien et maintenant nord-américain, etc.). De nombreux cancers du sein, surtout chez les femmes ayant dépassé la cinquantaine, sont hormonodépendants (susceptibles d'être influencés par les hormones); une anti-hormone peut donc en réduire la fréquence.

Il est déjà établi que le tamoxifène, chez les patientes qui ont déjà eu un cancer du sein, diminue ou retarde les probabilités de récidive locale et métastatique d'environ un tiers et contribuerait à augmenter la survie. Il diminue d'une façon statistiquement significative (environ 35% à 40%) les risques de développer un cancer dans le sein opposé. Ce qui implique qu'il devrait être efficace sur les lésions précancéreuses ou les très petits cancers occultes, invisibles à la mammographie et «in situ». Certes, le tamoxifène est un bon médicament pour les patientes qui ont déjà eu un cancer du sein, même si elles risquent de développer un cancer de l'endomètre (utérus) dans environ 3 à 4 cas sur 1000. Son rôle à titre préventif est plus controversé. Entraîne-t-il seulement un retard du développement de la cancérogenèse? Les études en cours le révéleront dans une dizaine d'années. On prétend que le tamoxifène peut réduire les risques de développer un cancer du sein de l'ordre d'au moins 30%, tout en prévenant aussi l'ostéoporose et même certaines maladies vasculaires artériosclérotiques, à cause de son léger effet œstrogénique concomitant. Les résultats de ces études de prévention primaire sortiront d'ici quelques années.

La prévention secondaire:

La prévention secondaire ou dépistage a lieu quand il existe déjà des pathologies, comme des tumeurs, si petites qu'elles sont encore sans conséquence clinique. Plus grosse est une tumeur cancéreuse, plus il est difficile de la traiter et plus il y a de risques de métastases à distance, ce qui diminue les chances de survie. Il est important de détecter le plus tôt possible la présence d'une tumeur cancéreuse. Diagnostiquer la tumeur alors qu'elle est petite offre de multiples avantages: si elle doit être traitée par chirurgie, celle-ci sera non mutilante; si elle doit être traitée par d'autres thérapies (chimiothérapie, hormonothérapie ou radiothérapie), la tumeur répondra mieux et plus rapidement. Il existe trois techniques de dépistage précoce: l'auto-examen des seins, l'examen médical avec cytoponction automatique pour toute masse dominante palpable dans le sein et la mammographie.

1) L'auto-examen des seins (AES):

Examiner soi-même ses seins est une technique efficace, rassurante et économique de détection précoce du cancer. L'efficacité de l'auto-examen des seins est évidente: il suffit de savoir que chez les femmes qui ne pratiquent pas cette technique, la grosseur moyenne de la tumeur lors de la première consultation médicale est de 4 cm, alors qu'elle n'est que de 2 cm chez celles qui pratiquent mensuellement l'AES (d'après une étude du chirurgien oncologue Roger Foster, du Vermont). Malheureusement, beaucoup de femmes manquent encore de confiance en elles en ce qui concerne l'AES. Elles se disent: «Je ne pourrai jamais déceler une petite bosse dangereuse dans mon sein qui semble plein de ces bosses».

Parfois certaines femmes n'osent pas toucher et palper leurs seins de crainte précisément de trouver une bosse! Mais, au contraire, celles qui pratiquent régulièrement l'AES prennent vite confiance en elles et découvrent qu'il est rassurant de ne pas avoir à attendre l'examen médical annuel pour connaître l'état de ses seins. Récemment, j'ai reçu à mon bureau une dame qui avait remarqué, à l'auto-examen de ses seins, un petit nodule à peine palpable de moins de 1 cm de diamètre qui l'inquiétait. Cette patiente connaissait bien la texture de ses seins. Pour la rassurer, son médecin de famille lui avait tout de même conseillé de passer une mammographie qui s'est révélée négative. Elle n'était pas entièrement satisfaite. Je l'ai vue en consultation et cliniquement, je n'étais pas très inquiet. Par acquis de conscience professionnnelle, j'ai tout de même cytoponctionné ce soupçon de nodule. A ma grande surprise, les résultats sont revenus positifs. Une chirurgie économe et non mutilante a pu venir à bout de ce minuscule cancer qui aurait facilement passé inaperçu si la patiente n'avait pas si bien connu la texture de ses seins.

En ces périodes de restrictions budgétaires, l'AES représente la solution responsable la plus économique puisqu'il ne requiert ni technicien, ni professionnel, ni laboratoire, ni instrumentation complexe. De plus, l'AES ne vous prendra que quelques minutes chaque mois ou chaque semaine.

La technique de l'AES

Le sein changeant de texture tout au long du mois, il est recommandé de pratiquer l'auto-examen des seins à la même période chaque mois soit: quelques jours (3 à 8 jours) après les menstruations pour les femmes préménopausées. Pour les postménopausées il est recommandé de faire l'AES le premier jour de chaque mois du calendrier (c'est un repère facile à retenir). La Société Américaine du Cancer suggère de commencer l'AES dès l'âge de vingt ans et de le poursuivre toute la vie durant. Surtout que la description de la technique ne vous décourage pas! Elle est beaucoup plus longue à décrire qu'à pratiquer... La technique de l'auto-examen des seins se déroule en deux parties que vous pouvez effectuer dans l'ordre qui vous convient le mieux, soit l'observation et la palpation. Si vous sortez du lit, il peut vous sembler plus facile d'abord d'observer vos seins devant le miroir et ensuite de les palper. Par contre, si vous êtes dans le bain ou sous la douche (c'est un bon endroit pour la palpation, l'eau et le savon vont augmenter votre acuité tactile), vous préférerez commencer par la palpation pour ensuite effectuer l'observation à la sortie du bain. L'ordre n'a pas d'importance, l'essentiel est de le pratiquer.

Signes et symptômes qu'il faut s'efforcer de détecter lors de l'AES:

Voici la liste des signes et symptômes qui nécessitent toujours une consultation médicale:

1: Bosse dans le sein (90% des bosses sont découvertes par les patientes elles-mêmes)

2: Écoulement mamelonnaire, surtout s'il n'est présent que d'un seul côté, et s'il est clair ou rosé.

3 : Érosion ou ulcération du mamelon, avec eczéma depuis plusieurs mois, et qui ne guérit pas.

4 : Changements des contours du sein.

5 : Rétraction du mamelon, surtout si elle est récente.

6 : Augmentation de volume de façon asymétrique.

7 : Rétraction cutanée (fossette).

8 : Présence d'une douleur localisée dans le sein, ou plus exactement d'une nouvelle sensation qui ne disparaît pas au bout d'un mois.

AES, observation :

Debout devant un miroir, torse nu, les bras pendant de chaque côté du corps, vous observez soigneusement vos seins. Sont-ils de volume sensiblement égal ? Les mamelons « regardent-ils » ou pointent-ils dans la même direction ? Un mamelon est-il rétracté (rentré vers l'intérieur) ? Est-ce que la peau, à un endroit quelconque, semble rétractée et occasionner une fossette ? Y a-t-il des différences visibles dans le galbe d'un sein par rapport à l'autre ? Voit-on une bosse quelque part ? Y a-t-il un écoulement par le ou les mamelons ? Existe-t-il une rougeur au niveau du sein ou de l'eczéma au niveau des mamelons ? Un sein est-il de couleur différente de l'autre ?

Il faut placer les bras au-dessus de la tête et observer, puis les mains sur les hanches en faisant pression sur ces dernières avec vos bras et vos mains de façon à contracter les muscles pectoraux afin de mieux faire ressortir une rétraction ou fossette possible. Mêmes questions que précédemment.

AES, palpation:

Poser votre main gauche derrière la tête, et palper le sein gauche avec votre main droite. Il faut diviser le sein en quatre quadrants (ou sections). Ayez soin de bien palper chaque quadrant du sein. La palpation doit être ferme mais jamais douloureuse en se servant d'un mouvement de rotation, avec le plat des doigts, c'est-à-dire ni le bout des doigts ni la paume de la main.

Puis, vous palpez votre sein droit avec votre main gauche en plaçant votre main droite derrière la tête.

L'aisselle doit aussi être examinée. Le dessous du bras est palpé avec le bout des doigts de l'autre main, en ayant le bras du côté examiné abaissé mais légèrement écarté du corps et détendu. Avec les doigts en crochet vous raclez de haut en bas en maintenant une pression dans l'aisselle, et essayez de sentir si oui ou non il ne roulerait pas quelque chose sous les doigts qui pourrait être un ganglion augmenté de volume et par conséquent anormal, surtout si vous ne l'avez jamais remarqué auparavant, ou s'il grossit...

AES, diagnostic:

Dès que vous voyez ou palpez une modification dans votre sein, vous devez consulter votre médecin. Ces modifications même si elles vous semblent mineures doivent lui être rapportées dans les meilleurs délais. Elles peuvent s'exprimer par l'apparition d'une petite fossette sur un sein ou par une asymétrie légèrement visible, ou encore une anomalie au niveau de l'aréole ou du mamelon, voire même par une rougeur plus ou moins étendue sur un sein.

Plusieurs organismes donnent des cours sur l'auto-examen des seins et permettent de voir comment se pratique cette technique. Votre CLSC ou votre hôpital pourra vous indiquer si de tels cours sont offerts dans votre région. Dans le cas contraire, ne vous inquiétez pas, les indications déjà mentionnées, devraient vous guider. Il existe aussi des vidéos sur l'auto-examen des seins. La seule chose dangereuse est de ne pas le pratiquer.

2) L'examen médical:

Malgré l'avènement des mammographies, l'examen des seins par le médecin reste fondamental et le restera toujours. Cet examen est un art et s'impose annuellement dès la quarantaine. Une patiente pratiquant régulièrement l'AES peut déceler une tumeur d'environ 1 cm à 1,5 cm; un médecin expérimenté peut en découvrir une de 0,5 cm.

La cytoponction à l'aiguille fine:

La cytoponction à l'aiguille fine n'est pas encore un mode de dépistage. Elle est utilisée à chaque fois que l'on palpe une masse. Elle permet de diagnostiquer avec précision la nature de cette tuméfaction.

Elle permet aussi d'identifier les groupes à risques élevés de cancer du sein. En effet, faite au hasard, elle peut détecter des cellules anormales pré-cancéreuses comme l'hyperplasie et l'atypie. Elle permet aussi de prélever et de déterminer certains bio-margueurs comme le P53 et l'oncogène HER 2/neu dont la surexpression indique les chances accrues de développer un cancer du sein, de suivre et de conseiller les patientes en conséquences.

La mammographie :

Si tous les spécialistes s'accordent sur les bienfaits de la mammographie dans la détection précoce du cancer du sein, les modalités d'utilisation de ce moyen de dépistage soulèvent des controverses. Ici nous nous en tiendrons aux grandes lignes au point de vue dépistage (prévention secondaire). Bien que la mammographie de routine puisse manquer un certain nombre de cancers du sein symptomatiques (c'est-à-dire assez gros pour causer des signes et symptômes) dans 20% à 25% des cas, elle est cependant d'une valeur inestimable, en particulier pour dépister de petits cancers infracliniques, c'est-à-dire trop petits pour être palpables. **Cependant aucun test n'est infaillible.** Tous les cancers du sein n'ont pas nécessairement des rebords irréguliers, d'autres vont se confondre avec le tissu mammaire environnant, surtout en présence de seins denses, jeunes et dysplasiques. Parfois, il faut avoir recours à l'échographie mammaire pour compléter les données de la mammographie.

A valeur égale de films, la mammographie en tant que telle n'est pas aussi utile que la mammographie couplée avec un examen clinique, c'est-à-dire combinée avec au moins une bonne palpation par le radiologiste. **Les caractéristiques radiologiques de certaines lésions bénignes sont parfois difficilement discernables de lésions malignes, et inversement.** Pour la femme dont le cancer a été diagnostiqué à son stade infraclinique, c'est-à-dire lorsque la tumeur est très petite, les chances de survie à cinq ans sont d'au moins 90%, tandis que pour la tumeur diagnostiquée à au moins 3cm de diamètre avec déjà des métastases aux ganglions, la survie est inférieure à 50%, d'où l'importance du dépistage précoce.

Certains sceptiques pensent qu'une petite tumeur est de bon pronostic car elle grossit peu et très lentement, alors qu'une tumeur très maligne va grossir rapidement et souvent sera diagnostiquée déjà grosse, même si elle n'a commencé que récemment! Cela est parfois indéniable mais pas toujours vrai. Par contre, un nombre important de ces mammographies de dépistage révèle beaucoup de petites lésions radiologiques un peu suspectes qui ne sont pas nécessairement des cancers mais qui peuvent nécessiter des biopsies chirurgicales, lesquelles peuvent fort bien s'avérer négatives. **Si, par le dépistage, un petit cancer est diagnostiqué tôt, la patiente en sera très reconnaissante et l'investissement aura été rentable.** Si par ailleurs, suivant le dépistage, il y a opération et qu'on ne découvre aucun cancer, la patiente ayant subi cette chirurgie «pour rien» pourra ressentir une frustration, bien que le plus souvent elle éprouvera un soulagement d'avoir été ainsi rassurée. C'est pourquoi, de nos jours, la mammographie n'est plus nécessairement considérée comme toujours décisive pour passer à la biopsie chirurgicale. Une biopsie à l'aiguille «tru-cut» téléguidée sous stéréotaxie radiologique ou échographique, peut permettre de savoir si la tumeur est ou n'est pas cancéreuse, et ce, sans opération.

En résumé

En prévention primaire, nous parlons de saines habitudes alimentaires: peu de gras animal et surtout pas d'excès d'apport alimentaire, peu de viandes rouges, plutôt des viandes maigres, du poisson, beaucoup de fruits, de légumes et de saines habitudes de vie (pas de tabac et peu ou pas d'alcool) associées à des exercices physiques. L'emploi de médicaments comme le tamoxifène et les rétinoïdes (vitamine A), est encore à l'étude. **En prévention secondaire**, nous favorisons l'auto-examen des seins, la visite annuelle chez le médecin, la cytoponction à l'aiguille fine en présence de toute masse dominante et la mammographie annuelle ou tous les dix-huit mois, en particulier chez les femmes dépassant cinquante ans ou celles dans la quarantaine à haut risque. Une biopsie à l'aiguille «tru-cut» sous contrôle radiologique ou échographique est fortement recommandée pour toutes lésions radiologiques suspectes non palpables. Il est tellement plus facile de prévenir que de guérir.

Que l'on soit riche ou pauvre, on n'a qu'une santé. Les plaisirs de la vie ne consistent pas à se saouler, se gaver, fumer, etc. Comme le disait Molière: «La parfaite raison fuit toute extrémité, et veut que l'on soit sage avec sobriété».

Chapitre 5

Les affections bénignes (non-cancéreuses) du sein

« Bien dans sa peau, bien dans ses seins ».[1]

Dominique Gros

Remarques préliminaires :

Le sein est un organe écartelé entre toutes sortes de spécialités médicales et chirurgicales. Ce tiraillement continuera à l'être probablement pour longtemps. Néanmoins, aucune lésion mammaire, bénigne ou maligne, ne nous est étrangère.

Considérations générales :

Les seins normaux existent. Cependant, les deux tiers des femmes présentent un certain degré d'état fibrokystique au cours de leur vie. Il est préférable de parler d'état plutôt que de maladie fibrokystique

---

[1] Extrait du livre : « Le sein dévoilé » Dominique Gros, Stock/Laurence , Pernoud.

car il ne s'agit pas d'une véritable maladie. La grande majorité des consultations médicales liées à des problèmes du sein sont motivées par des affections bénignes, c'est-à-dire non-cancéreuses. En fait, 85% des femmes qui consultent, soit pour une ou plusieurs tuméfactions, pour un écoulement anormal ou pour des douleurs, verront leur diagnostic qualifié des termes très réconfortants de: «bénin» ou «normal». Si ces données peuvent inciter les femmes à se faire examiner plus tôt, nous aurons déjà atteint un objectif important; cas bénin, tant mieux, par contre en cas de cancer, il faudra débuter les traitements dès que possible pour accroître les chances de réussite. Dans ce chapitre, nous décrirons les affections bénignes du sein. On les classe arbitrairement en six catégories:

- Changements physiologiques exagérés avec gonflement et sensibilité cycliques.

- Mastose et dysplasie mammaire, état fibrokystique.

- Mastite (douleurs aux seins appelées en termes médicaux: mastodynie ou mastalgie) associée à l'état fibrokystique.

- Masses dominantes, (kystes, fibroadénomes, tumeurs bénignes, galactocèles).

- Écoulements des mamelons.

- Infections, inflammations et abcès.

Changements physiologiques exagérés avec gonflement et sensibilité cycliques

Cet état n'est qu'une exagération de la normale. Durant le cycle menstruel, il est normal que les seins présentent des aspects différents selon le moment du cycle. Ils peuvent paraître enflés à certains moments et plus sensibles au toucher. Cette sensibilité plus marquée apparaît au milieu et surtout à la fin du cycle menstruel, soit avant les règles. Cet état encore appelé tension mammaire est dû à un excès d'œstrogènes ou à une carence en progestérone, bien que ce concept de «déséquilibre hormonal» n'explique pas tout.

Les cellules non sécrétrices se préparent à le devenir en vue d'une grossesse potentielle. Si cette grossesse ne se produit pas, le niveau hormonal baisse, les menstruations se déclenchent et les seins redeviennent normaux. Si le gonflement et la sensibilité sont importants, le médecin peut proposer un traitement. Beaucoup de ces symptômes sont très tolérables et passent même quelquefois inaperçus. Certains conseils intelligemment suivis permettent de les limiter : alimentation moins riche en sel, en sucre et en graisse, élimination de certains excitants comme la caféine et le cola. De même, le port d'un soutien-gorge contenant bien la poitrine et la perte d'un peu de poids, en cas d'embonpoint, diminuent la pression sur les terminaisons nerveuses à l'intérieur du sein et suppriment ainsi la principale cause de mastite. Il faut dire aussi que la nervosité, l'anxiété, le stress peuvent accentuer les douleurs mammaires. Les modifications physiologiques des seins, même prononcées, lors des cycles menstruels, sont tout à fait normales et n'entraînent pas le cancer.

Mastose ou dysplasie mammaire :

Il s'agit de lésions mammaires constituées de zones fibrosées, d'autres hyperplasiées qui varient en volume avec ou sans présence de kystes. La dysplasie, la mastose et l'état fibrokystique ou la mastopathie fibrokystique sont des termes interchangeables avec prédominance d'un ou de plusieurs éléments ci-dessus mentionnés. La présence dans le sein de nodules ou de placards plus ou moins diffus diffère de celle d'une véritable bosse ou masse dominante qui, elle, est unique. La dysplasie se définit comme une texture granulaire avec zones ou nodules de consistance plus ferme et épaississements ou placards palpables plus ou moins gros, souvent présents dans la partie supérieure et externe du sein. Le nombre de nodules varie au cours du cycle menstruel ou peut aussi demeurer stable. Ils se retrouvent dans tout le sein sans se limiter à une plage définie. Souvent, ils occupent les deux seins tout en étant plus apparents dans l'un que dans l'autre. La mastose peut présenter une certaine sensibilité mais sans aller jusqu'à la douleur. Cette affection bénigne du sein est très fréquente et la plupart du temps peu sérieuse. La mastose sous forme de bosse mammaire peut parfois ressembler au cancer du sein; il faut une investigation diagnostique précise pour les différencier. L'expérience de la palpation avec la main bien à plat sur les seins (la patiente étant en position couchée) permet assez rapidement d'établir la différence avec une véritable masse dominante (souvent plus grave). La biopsie à l'aiguille permettra de préciser et de confirmer la nature mastosique de la tuméfaction. En cas de doute sérieux, une biopsie à l'aiguille « tru-cut » ou au besoin chirurgicale s'impose. La mastose est rarement un état précancéreux, excepté pour certaines formes appelées hyperplasiques, découvertes lors d'une biopsie à l'aiguille « tru-cut » ou à la biopsie chirurgicale. Elle peut compliquer le tableau clinique et brouiller les cartes. Le médecin doit surtout bien la différencier du cancer, et ne pas inquiéter inutilement la patiente avec une affection, qui dans le passé a entraîné beaucoup d'interventions chirurgicales plus ou moins appropriées, avant l'avènement de mammographies fiables et surtout de biopsies précises à l'aiguille fine. Un bon clinicien sait faire la part des choses et poser le diagnostic assez facilement, sans avoir recours automatiquement à une intervention chirurgicale. La solution repose sur des données cliniques, radiologiques et cytologiques combinées. Comme le soulignait le professeur Charles Gros: «Les seins parlent et ils seraient souvent moins malades si on les laissait s'exprimer».

Mastite:

Lorsque la dysplasie mammaire (ou l'état fibrokystique) est associée à une forte douleur dans les seins, on parle couramment de mastite. Le terme n'est pas idéal car il n'y a pas d'infection microbienne. Mastodynie ou mastalgie signifient «mal aux seins», si la douleur est associée à l'état décrit au paragraphe précédent, on l'appelle couramment mastite. La fréquence de la mastite peut atteindre jusqu'à 25% des femmes. Elle est généralement bilatérale ou, moins souvent, peut n'impliquer qu'un sein.

On commence à découvrir les secrets des mastalgies. Il y aurait deux causes principales de la douleur mammaire: l'une hormonale et cyclique, l'autre inflammatoire et plutôt constante. Si le traitement requiert des médicaments, il s'agira d'hormones dans le premier cas ou d'anti-inflammatoires dans l'autre. Par ailleurs, il existe souvent un facteur émotif qui explique que les femmes tendues souffrent plus que les autres. Il faut insister et expliquer à la patiente que la mastite n'a rien à voir avec le cancer.

Certaines douleurs thoraciques ressenties dans les seins n'ont rien à voir avec ceux-ci: douleurs d'origine cardiaque, névralgies cervicobrachiales provenant de la colonne cervicale et irradiant vers l'aisselle et le bras, les névralgies intercostales et bursites de l'épaule. On peut en certaines circonstances les confondre avec la mastite. Cependant, dans aucun de ces états, les douleurs ne sont cycliques et les seins sensibles à la palpation. Les seins douloureux, mais non sensibles à la palpation, suggèrent des causes d'origine extramammaire surtout si elles ne sont pas cycliques. De même, l'origine d'une douleur dans les jambes peut très bien provenir de la colonne vertébrale lombaire et non des jambes elles-mêmes.

Conseils pratiques pour soigner les douleurs aux seins dues à la mastite:

Toute douleur mammaire peut constituer le signal avertisseur d'un désordre plus ou moins grave. Toutefois, la plupart du temps, lorsque les deux seins sont douloureux, elle est bénigne. Le cancer étant exclu, dans la majorité des cas de mastite, des mesures ou conseils d'usage peuvent en réduire les symptômes. Pas toujours, mais souvent, de nombreuses femmes qui accusent des douleurs aux seins sont grassouillettes ou même obèses. Le simple fait de maigrir un peu, de diminuer le sel, les sucreries et le gras animal limite mastite et douleurs. Le port d'un soutien-gorge contenant bien la poitrine aide surtout dans le cas de seins lourds. L'excès de caféine (thé, café, cola) peut aussi entretenir et exacerber la mastite. Il n'existe pas de remède magique unique pour traiter cette affection. Dans les deux tiers des cas, elle est jugulée par l'application de l'ensemble de ces recommandations. On prétend que des compresses d'argile verte peuvent être utiles. Il est donc préférable de commencer par mettre en œuvre ces mesures simples et de s'assurer qu'elles sont convenablement suivies. Par contre, on doit se garder d'affirmer que l'existence de la douleur exclut la présence d'un cancer. Un médecin chevronné aura vite fait d'établir la différence, mais il faut avouer que ce n'est pas toujours facile (voir chapitre 7, sur le diagnostic). Encore une fois, les conseils pratiques et le réconfort suffisent en général pour venir à bout de la plupart des cas de mastites. Pour le tiers ou le quart des femmes qui ne seront pas soulagées par les recommandations ci-dessus, lorsque le mal est vraiment incommodant et que la patiente le désire, on peut avoir recours à la médication. Un grand nombre de thérapies, de remèdes et de régimes sont proposés dans le traitement des mastites. Voyons ce que sont ces thérapies et à quoi elles correspondent.

Le traitement hormonal de la mastite cyclique

A) La progestérone :

Selon la théorie la plus en vogue, un déséquilibre hormonal serait à la base de la mastite. Le remède consisterait en l'administration de progestérone. Dès 1940, les études utilisant la progestérone, sous forme d'injection ou par voie orale, ont démontré son efficacité. Des résultats récents illustrent le rôle inhibiteur de la progestérone sur le cancer des souris. Chez l'humain, les résultats sont moins évidents. Par contre, la médecine française a beaucoup utilisé ce genre d'hormonothérapie avec un certain succès, sous l'égide du professeur Mauvais Jarvis de Paris. Des crèmes de progestérone, en particulier le progestogel, très connues et utilisées en France, ne sont pas encore accessibles au marché pharmaceutique d'Amérique du Nord. La progestérone orale a toutefois tendance à faire gagner du poids, ce qui en limite l'utilisation.

B) Le danazol ou cyclomen :

Plusieurs études ont démontré l'effet bénéfique du danazol dans le traitement de la mastite douloureuse. Surtout dans les mastodynies cycliques qui sont en général d'origine hormonale. Le danazol est un agent antigonadotrophique (substance antagoniste des hormones) avec un léger effet androgénique (qui favorise les hormones mâles). Il est utilisé pour traiter les nodosités et la douleur dans les états fibrokystiques du sein. Les résultats, tant au niveau de la disparition des douleurs, que de la résorption des nodules et des kystes sont remarquables. Par contre les effets secondaires peuvent se présenter sous forme d'irrégularités des menstrues ou l'arrêt complet des règles, d'un léger gain pondéral, d'une légère augmentation de la pilosité du visage ou d'un petit changement de la voix. De plus il s'agit d'un médicament onéreux. Cependant, malgré ces effets secondaires, il est très efficace contre les douleurs aux seins dans bien des cas de mastite importante.

C) Le tamoxifène (ou nolvadex) :

Dans les lésions bénignes du sein, les tissus peuvent contenir des récepteurs d'œstrogène et de progestérone, et répondre aux traitements hormonaux. Le tamoxifène est un médicament antiœstrogénique utilisé dans le traitement des cancers du sein hormonodépendants. Son action est multiple ; entre autres, il peut bloquer les récepteurs hormonaux, rendant ces derniers incapables de capter et laisser pénétrer dans la cellule d'autres hormones ; il réduit également le taux sanguin de prolactine. Le tamoxifène a au moins deux effets thérapeutiques bénéfiques non hormonaux. Il contribue à inhiber le gène MDS responsable d'une partie de la résistance aux chimiothérapies. Il contribue également à inhiber le gène IGF 1 facteur de croissance de plusieurs cancers dont celui du sein. En outre, on l'a récemment montré, il augmente l'expression du TGF Béta inhibiteur de prolifération. Le tamoxifène a procuré une rémission complète des symptômes de mastite, et une disparition des lésions dans 75 % des cas de dysplasie sévère des seins. Pour les lésions bénignes, son usage n'est pas encore officiellement approuvé. De plus, à long terme, il peut conduire à des complications très rares, mais sérieuses, tel le cancer de l'endomètre. Des études sont en cours pour déterminer s'il peut diminuer la fréquence des cancers du sein chez les patientes à haut risque.

Effets de la caféine :

Des études auraient révélé un lien possible entre les méthylxanthines (substances contenues dans la caféine) et la mastite. Par contre, d'autres études ont démontré que si un tel lien existe, il est mince. La consommation de caféine peut être réduite à la fois dans un esprit d'amélioration globale de la santé, et aussi de l'abord thérapeutique de la mastite reliée à l'état fibrokystique des seins. De nombreuses femmes ont certainement constaté une aggravation de leur mastite à la suite de la consommation excessive de caféine. Elles ont été partiellement soulagées lorsqu'elles abandonnèrent complètement le café et le thé. Souvent, une diminution ne suffit pas, il faut totalement éliminer la caféine pour obtenir l'effet maximum.

La vitamine E:

Des études sur les états fibrokystiques du sein ont confirmé que l'utilisation de vitamine E pouvait réduire les kystes en nombre et en volume. Cependant, des études subséquentes ont jeté un certain doute sur son utilisation dans le traitement de la mastite. Il reste que la vitamine E, tout comme la vitamine A, peut, en tant qu'antioxydant, exercer un effet bénéfique sur la fréquence de certaines maladies précancéreuses voire cancéreuses. De plus, elle aurait une action préventive sur les lésions cardiaques. On recommande donc un régime alimentaire riche en vitamine E (laitue, melon, etc).

Les diurétiques:

Plusieurs mastalgies cycliques sont accompagnées d'un gonflement ou engorgement des seins. Ces symptômes se manifestent habituellement dans la période prémenstruelle, en raison d'une rétention d'eau. On a donc mis à l'épreuve l'emploi de diurétiques, substances facilitant l'élimination d'eau par le rein. Il vaut mieux, en fait, diminuer le sel dans l'alimentation ou au moins de ne pas en abuser. On consomme toujours assez de sel, de gras animal et de sucres riches en calories vides. Ces substances peuvent nuire aux patientes souffrant de mastite car elles contribuent à augmenter la pression à l'intérieur des seins, et favoriser ainsi (même augmenter) la douleur.

La chirurgie:

La chirurgie n'est guère utile dans le traitement des états fibrokystiques du sein ou des mastites graves, à moins que la mammographie n'ait révélé la possibilité d'un cancer sous-jacent. Dans quelques cas de mastalgies limitées à une douleur bien localisée, l'excision de la région peut apporter un soulagement, bien que souvent l'injection locale de cortisone soit aussi efficace. A part ces rares cas, la chirurgie ne constitue pas une mesure valable contre les mastites, qui sont souvent apaisées spontanément à la ménopause ou grâce à des mesures plus simples relevant du mode de vie. Il faut néanmoins garder à l'esprit qu'en présence de foyers de microcalcifications progressives, de signes radiologiques suspects et d'antécédents familiaux de cancer du sein, une intervention chirurgicale est indiquée.

Les bosses ou masses dominantes dans le sein:

Une masse dominante (bosse bien distincte) dans le sein n'est pas nécessairement cancéreuse; mais elle doit cependant être examinée et évaluée par un médecin dans les plus brefs délais pour s'assurer du diagnostic. En effet, une bosse peut aussi bien être anodine ou sérieuse. En cas de masse dans le sein, les secrétaires et les réceptionnistes ne sont pas en mesure d'établir la différence entre gravité et caractère inoffensif. C'est pourquoi, les cabinets de consultation sont parfois surchargés car on ne peut se permettre de retarder les rendez-vous pour de tels cas... Voyons maintenant les lésions bénignes du sein se présentant comme une bosse ou une masse dominante:

a) Le kyste:

Tel que décrit par Haagensen (34), le kyste est formé d'un sac rempli de liquide, situé à l'intérieur du tissu mammaire, et se présente à la palpation comme une masse dominante. Le kyste banal est la cause la plus fréquente de protubérances chez les femmes entre 35 et 50 ans, mais peut également se développer chez les femmes plus jeunes ou chez les femmes ménopausées.

Sauf exceptions, les kystes ne sont pas douloureux. La consistance des kystes dépend de la quantité de liquide qu'ils renferment et de l'épaisseur du tissu mammaire qui les entoure. Le kyste contenant une faible quantité de liquide apparaît mou et fluctuant; par contre, bien rempli et logé profondément dans le sein, le kyste ressemble à une tumeur, toujours à la palpation. Les kystes sont souvent isolés mais il arrive que plusieurs se développent simultanément dans le même sein. Ils forment alors une texture ressemblant à une grappe de raisins. Les kystes peuvent se constituer en quelques heures seulement ou de façon plus graduelle, et se résorber assez rapidement. Le symptôme le plus évident des kystes à développement rapide est la présence d'une petite douleur très localisée dans le sein. Cette douleur pourrait provenir des pressions sur le tissu mammaire engendrées par la croissance rapide du kyste, ou bien de l'écoulement du liquide kystique dans le tissu mammaire avoisinant provoquant une réaction inflammatoire stérile.

Dans bien des cas, on peut observer des kystes par mammographie, échographie ou palpation dans un sein tout à fait normal. L'important est qu'il faut absolument les différencier des cancers. Leur aspiration par cytoponction à l'aiguille fine pose à la fois le diagnostic et constitue un traitement de choix. L'échographie peut distinguer aussi un kyste d'une tumeur solide. Un kyste peut contenir une quantité de liquide variant de 0,5 ml à 60 ml. La couleur du liquide kystique varie de beige à verdâtre et de brun à noirâtre selon le genre de pigments qu'il contient. Si un kyste réapparaît, il peut être à nouveau ponctionné. L'intervention chirurgicale est indiquée en présence d'une masse ne disparaissant pas complètement après au moins deux cytoponctions. D'autres indications poussent plus loin les investigations en cas de présence massive de vieux sang dans un kyste jamais ponctionné auparavant ou un kyste qui, après ponctions efficaces, réapparaît plus de deux fois de suite dans un cours laps de temps. Il faut alors procéder à une kystographie (injection de solution opaque aux rayons X dans le kyste), suivie d'une radiographie. S'il y a présence d'une tumeur dans la paroi du kyste, il faut opérer. Mais dans la très grande majorité des cas, la simple ponction du kyste règle le problème.

J'ai déjà eu l'occasion de voir une femme dans la cinquantaine, souffrant d'état fibrokystique et me consultant pour une bosse dans le sein. L'interrogatoire a révélé qu'elle avait été opérée 12 fois pour des bosses mammaires! Ses seins étaient couverts de cicatrices. Elle n'en était pas moins satisfaite puisqu'à chaque intervention, le diagnostic est revenu: «Simple kyste, pas de cancer». Son chirurgien opérait chaque fois qu'une nouvelle bosse surgissait, sans cytoponction préalable, au cas où... J'ai alors procédé à une simple ponction qui a supprimé la masse au grand étonnement de la patiente surprise de la voir disparaître aussi facilement. De nature peu contestataire, elle ne se posait pas trop de questions sur l'indication absolue de toutes ces opérations. En sortant, elle m'a tout de même fait remarquer que dans mon cabinet il fallait attendre plus longtemps que dans l'officine de l'autre chirurgien! De nos jours, avec l'emploi d'échographies et surtout de cytoponctions, ce genre de situation a tendance à diminuer. On ne doit pas opérer un sein à la légère, car toute biopsie chirurgicale peut laisser une cicatrice interne susceptible de donner une image radiologique suspecte quelques années plus tard. Par ailleurs, il ne faut pas laisser de côté quelque chose de grave. Ce domaine de la médecine n'est pas facile ; on peut pécher par excès dans un sens comme dans l'autre... Une grande expérience est utile.

b) Le galactocèle :

Le galactocèle est un kyste rempli de lait. Il s'est formé par l'élargissement d'un canal galactophore. On le trouve souvent chez les jeunes femmes sous forme d'une masse près de l'aréole. Une simple aspiration à l'aiguille confirme le diagnostic tout en fournissant le traitement requis comme dans le cas des kystes ordinaires. L'application de glace complète le traitement permettant ainsi au canal galactophore de se contracter.

c) Les fibroadénomes :

Les fibroadénomes constituent la forme la plus fréquente de tumeurs bénignes du sein, en particulier chez les jeunes femmes. Ils peuvent apparaître à n'importe quel âge après la puberté mais surtout entre 16 et 35 ans. En France, cette lésion porte le joli nom de « tumeur de la fiancée » car elle se présente en effet surtout chez les jeunes filles en âge de se fiancer. Les fiançailles et les mariages ont diminué de nos jours mais pas les fibroadénomes ! Ces derniers sont légèrement hormonodépendants et leur volume peut s'amplifier vers la fin de chaque cycle menstruel. La présence de récepteurs hormonaux œstrogéniques dans ces tumeurs bénignes est bien démontrée et pourrait expliquer les variations de grosseur lors du cycle menstruel. La grossesse peut provoquer une augmentation importante des fibroadénomes alors que les contraceptifs oraux semblent en diminuer la fréquence.

Cliniquement, les fibroadénomes sont indolores et se présentent comme des masses solides dont les contours sont bien définis. Leur texture s'apparente à celle d'un caoutchouc ferme, mais des calcifications les rendent parfois durs comme de la pierre surtout chez ceux qui existent depuis longtemps. Ils mesurent généralement de 1 à 5 cm de diamètre. Chez les femmes dans la vingtaine, on peut se dispenser d'opérer un petit fibroadénome qui n'inquiète pas la patiente, à condition de confirmer, par biopsie à l'aiguille, la nature bénigne de la lésion. La patiente doit cependant examiner ses seins régulièrement afin de s'assurer que la lésion n'augmente pas de grosseur. Dans certains cas assez rares, le fibroadénome, s'il est petit, peut se résorber spontanément. Par contre chez les patientes de plus de 28 ans, il est préférable d'intervenir surtout s'ils sont gros ou ont tendance à grossir. Il faut aussi considérer que, si la lésion est laissée en place, la femme s'habitue à cette bosse mammaire. Elle ne s'inquiètera donc pas si une autre bosse survient. Cette nouvelle nodosité ne sera pas nécessairement un autre fibroadénome mais pourrait bel et bien être un cancer. Les deux peuvent cœxister... J'ai eu l'occasion d'extraire quelques fibroadénomes chez des femmes de 35 ans et plus, qui renfermaient des cancers. Ces cas sont rares mais peuvent exister, d'où l'importance d'extirper par chirurgie les fibroadénomes en particulier chez les femmes de plus de vingt-huit ans et ce, même si la cytoponction est négative. Le mieux est de juger chaque cas individuellement et de faire confiance à ses cytoponctions et aux biopsies à l'aiguille. En règle générale, plus la patiente est âgée, plus l'intervention s'impose.

Écoulements mamelonnaires :

I- Écoulements bilatéraux, de plusieurs canaux.

Lorsque la patiente est jeune et a accouché récemment, la présence d'écoulements n'est pas inquiétante et n'exige pas de sanction chirurgicale ; c'est là une manifestation plus ou moins normale d'une glande sécrétrice, le sein. Il en est de même pour la majorité des écoulements bilatéraux causés par de l'ectasie canalaire (dilatation des canaux) ou mastite péricanalaire. Dans la majorité des cas, leur traitement est conservateur, comme celui de la mastite. Ces lésions ont tendance à s'atténuer ou arrêter spontanément. Les antibiotiques, parfois utilisés, ne connaissent pas grand succès. La plupart du temps, les écoulements bilatéraux ne nécessitent pas un traitement chirurgical. Les conseils d'usage pour la mastite s'appliquent à leur traitement.

II : Écoulements unilatéraux, unicanalaires :

Lorsque l'écoulement est unilatéral à partir d'un seul canal, c'est-à-dire qu'une goutte seulement suinte du mamelon, spontanément ou à la pression, la lésion est le plus souvent causée par une petite tumeur bénigne appellée papillome intracanalaire. Le plus souvent, ces écoulements sont causés par un papillome situé dans un canal galactophore près du mamelon. Cette lésion répondra mieux à une petite intervention chirurgicale, surtout lorsque les écoulements sont de sang rouge-clair ou d'aspect séreux (jaune comme du sérum), un peu gluants ou rosés. Avant d'opérer, il est préférable d'effectuer d'autres tests pour préciser le diagnostic. L'examen cytologique de l'écoulement distingue souvent entre une cause bénigne et cancéreuse. Le diagnostic et la localisation de la tumeur se font surtout par galactographie, examen qui consiste à injecter une solution radio-opaque à l'intérieur du canal galactophore, suivi d'une radiographie. On estime que les écoulements unicanalaires ne sont d'origine cancéreuse que dans seulement 6 % des cas. S'il s'agit d'un seul papillome intracanalaire, la lésion est bénigne. Lorsque les papillomes sont multiples, il s'agit de papillomatose. Cette lésion plus rare est incontestablement précancéreuse, et après l'opération un suivi s'impose.

Les infections du sein :

Par infection, on entend un état pathologique plus ou moins grave, lié à la présence de bactéries occasionnant des inflammations ou même des abcès (accumulation de pus).

Les principales infections sont :

Mastites inflammatoires de l'allaitement :

(Le mot mastite est également utilisé dans ces cas mais ne doit pas être confondu avec les mastites fibrokystiques dont on a parlé plus tôt).

Il arrive qu'au début de l'allaitement, le sein produise une plus grande quantité de lait que celle requise par le bébé. Il se produit alors un certain engorgement des seins créant un inconfort pour la mère. Des compresses d'eau chaude permettent de dilater les canaux galactophores pour laisser s'écouler le surplus de lait. Cependant, dans certains cas, l'application thermique ne suffit pas pour désengorger les seins. L'infection peut alors survenir; causée par plusieurs bactéries normalement présentes sur la peau. Le traitement de ces mastites infectieuses de lactation se fait par application locale de glace, qui réduit l'inflammation en ralentissant le métabolisme du sein. On administre aussi des antibiotiques à large spectre tels que la pénicilline ou l'érythromycine. Il est aussi recommandé d'arrêter l'allaitement.

Abcès de lactation:

Après l'accouchement, chez moins de 10% des patientes atteintes d'inflammation mammaire infectieuse, c'est-à-dire d'origine bactérienne, l'infection guérit difficilement avec formation d'abcès. Les bactéries peuvent s'introduire dans un mamelon craquelé ou fissuré, mal stérilisé.

Lorsqu'il n'y a qu'un abcès localisé en région superficielle, il est possible de l'aspirer à l'aiguille et d'instaurer subséquemment une thérapie à l'aide d'un antibiotique spécifique aux bactéries identifiées dans le pus retiré à la cytoponction. De plus en plus, la mise en place d'un cathéter, sous contrôle échographique, permet de drainer l'abcès, d'irriguer la cavité abcédée et, sous couvert d'antibiotiques, souvent de guérir ce genre de lésion inflammatoire. En cas d'échec, surtout lorsque l'abcès est important ou situé profondément dans le sein à plusieurs endroits, une chirurgie sous anesthésie générale s'avère nécessaire afin d'inciser et drainer chirurgicalement tous les foyers d'infection avec la mise en place d'une mèche ou d'un drain. Le tout suivi de pansements et de soins à domicile.

Abcès sous-aréolaires ou péri-aréolaires chroniques et récidivants :

Les abcès sous-aréolaires sont assez fréquents. Les patientes souffrant de cette affection présentent des abcès à répétition avec drainage spontané et souvent, formation de fistules aréolaires chroniques. Une fistule est un trajet anormal entre les canaux de la glande mammaire et la peau autour du mamelon. L'écoulement peut être purulent ou parfois pâteux. Ce type d'abcès survient surtout chez la femme adulte, généralement durant la période féconde. Une cure d'antibiotiques basée sur les cultures bactériologiques de l'écoulement favorise la guérison. On connaît plusieurs mécanismes de formation des abcès : la peau produit une kératine qui normalement est déversée à la surface par le mamelon. S'il y a rupture interne de ses canaux, cette kératine est déversée anormalement à l'intérieur du sein, ce qui cause une forte réaction inflammatoire. Autre facteur : l'ectasie canalaire. Il s'agit d'une dilatation des canaux avec amincissement de la paroi. Certains produits lipidiques sécrétés peuvent traverser la paroi amincie des canaux ectasiés ou dilatés, et causer des réactions inflammatoires autour de ceux-ci (mastite péri-canalaire). Le traitement chirurgical consiste à enlever les canaux sous-aréolaires ainsi que le tissu de granulation (tissu de cicatrisation avoisinant) pour empêcher le déversement de se reproduire. Dans 50 % des cas l'intervention qui consiste à n'enlever que la partie terminale des canaux sous-aréolaires est efficace ; dans les cas réfractaires, une exérèse plus large est requise. Toutes ces opérations étant conservatrices, la patiente ne se verra pas amputée d'un sein pour ce type de maladie comme cela se pratiquait parfois naguère. Si la chirurgie est trop étendue, le sein, ou du moins le mamelon, risque d'être déformé.

Ces abcès péri-aréolaires sont souvent incommodants, mais ne sont pas dangereux.

Mastite aiguë associée au macrokyste :

Certaines patientes, connues pour présenter des kystes récidivants, peuvent à l'occasion faire une complication sous forme de mastite aiguë. Cliniquement, on observe alors des rougeurs, un gonflement et une douleur mammaire, accompagnée de fièvre. Comme ces symptômes rappellent ceux du cancer inflammatoire, une biopsie à l'aiguille sera immédiatement pratiquée. Cette technique a deux buts et résultats : elle permet d'établir le diagnostic précis (cancer inflammatoire ou mastite aiguë) et de procéder à une culture bactérienne pour identifier la bactérie en cause, afin de choisir l'antibiotique adéquat. En fait, en cas d'inflammation aiguë du sein, le traitement aux antibiotiques fonctionne bien. La mastite aiguë provient fort probablement d'un ou plusieurs kystes infectés déversant leur contenu dans le tissu mammaire, ce qui provoque une réaction inflammatoire (rougeur et enflure), secondairement infectieuse (douleur et fièvre). Dans ce cas, les objectifs à atteindre sont d'éliminer la possibilité d'un cancer inflammatoire et, en présence d'abcès, de traiter le processus infectieux.

Conclusion

On rappellera ici que bien des seins, atteints d'affections bénignes ou présentant un aspect physique plus ou moins idéal, seraient souvent mieux, s'ils étaient laissés naturels et n'étaient pas soumis à la chirurgie. D'où l'importance d'un diagnostic précis. On doit bien savoir à quoi s'attendre de l'acte chirurgical, s'il est vraiment nécessaire.

Chapitre 6

Qu'est-ce que le cancer du sein ?

« Le cancer, le chancre, le crabe...
trouvez-moi image plus affreuse
et plus juste. Je ne sais trop, tant leurs
morphologies se ressemblent et tant
leurs manières de procéder s'identifient
lequel donna son nom à l'autre ».

Dr Charles Fouqué

Définition:

Le cancer du sein, comme bien d'autres cancers, est un déséquilibre de régulation des gènes aboutissant à un désordre de croissance, au cours duquel les cellules des canaux galactophores devenues anormales prolifèrent d'une façon irrégulière, même anarchique. Elles se reproduisent sans aucun contrôle, envahissant les tissus normaux et provoquant des métastases, c'est-à-dire des colonies cancéreuses à distance. Dans une masse cancéreuse du sein, il existe déjà des millions de cellules malignes. La conception traditionnelle de la biologie du cancer et de son traitement veut que la guérison ne s'obtienne qu'à la condition de tuer toutes les cellules cancéreuses jusqu'à la dernière. Schipper (70) et d'autres chercheurs pensent que cette notion repose sur une fausse analogie avec la microbiologie, à savoir : lorsque la dernière bactérie est disparue ou supprimée, l'infection est guérie... Cette conception classique a été récemment mise en doute pour faire place à la théorie de la régulation et de la reconversion ou rediffférenciation des cellules cancéreuses vers un état plus normal. Cette rediffférenciation, ou contrôle, est le meilleur espoir pour améliorer la durée et la qualité de vie des patientes souffrant de tumeur maligne. Malheureusement, cette connaissance en est encore au stade expérimental. Ces deux «visions» ne sont pas nécessairement exclusives, le cancer étant une maladie fort complexe. Pour chaque organe, il n'y a pas un cancer mais plusieurs types de cancers avec souvent des sous-groupes en raison des étiologies et des origines différentes de la maladie. Cette grande variabilité ou hétérogénéité des cancers s'applique particulièrement au cancer du sein et aussi à d'autres cancers, comme ceux de la glande thyroïde, et de la peau.

On a récemment découvert un gène qui empêche la reproduction anarchique des cellules et dont l'absence est frappante chez de nombreuses patientes (60%) atteintes de cancer du sein. Ce gène (le P-16) semble être un facteur important dans bien des cancers. Il travaille dans le même sens que le P-53, un autre gène suppresseur du cancer.

La cellule cancéreuse :

Même si on ne connaît pas encore tout sur le cancer, les spécialistes comprennent mieux de nos jours le processus de cancérisation, c'est-à-dire la transformation graduelle d'une cellule normale en une cellule cancéreuse difforme. Ceci se fait par étapes après plusieurs altérations progressives dans les gènes sous l'influence de certains facteurs de risque.

L'évolution des tumeurs comporte plusieurs mutations d'origine héréditaire ou acquise. La cellule subit d'abord une transformation de son appareil génétique (phénomène d'initiation ou d'amorçage néoplasique), suivie d'atteintes ou altérations géniques dites «de promotion», (phénomène qui implique, de petits pas en petits pas, le passage à l'acte) avant que cette cellule ne devienne cancéreuse. En d'autres termes, par l'initiation l'individu devient un porteur sain, mais ce sont les facteurs de promotion qui graduellement complètent les mutations vers les cellules cancéreuses. Celles-ci se multiplient pour donner naissance à des clones (copies) de cellules cancéreuses, lesquelles subissent par la suite d'autres mutations leur permettant de devenir de véritables tumeurs malignes ou cancéreuses, pouvant s'infiltrer et produire des métastases.

Toutes ces étapes prennent plusieurs années, voire plusieurs décennies, pour se compléter. C'est à ces différents stades et en fonction des facteurs de promotion: nutrition, excès d'apport calorique, influences hormonales, pollution, radiation, rayonnement ultraviolet, etc. que le processus de cancérisation pourra ou non progresser. Il dépend rarement de l'hérédité seule, qui elle, agit davantage au stade initial. Dans 80% des cas, les cancers du sein n'ont pas de cause héréditaire. Le cancer étant le résultat d'influences multifactorielles, il importe donc de ne pas négliger l'aspect préventif. Si on ne peut choisir ses parents (facteurs génétiques, prédisposants, etc.), on peut par contre modifier les habitudes de vie agissant sur les facteurs de promotion, dans la phase plus tardive mais non moins importante de la cancérogénèse (formation du cancer). Les cellules contiennent dans leur noyau des chromosomes, où siègent les caractères héréditaires. Chaque chromosome contient environ 50,000 gènes qui dirigent la synthèse des protéines, possédant toutes des fonctions bien orchestrées entre elles et en état d'équilibre.

De nombreux mécanismes contrôlent la régulation de la multiplication cellulaire, un phénomène paisible chez l'adulte. La recherche fondamentale en génétique s'intéresse de plus en plus aux gènes ralentissant ou arrêtant la division anarchique des cellules. Des gènes comme les oncogènes stimulent la prolifération cellulaire mais sont contrecarrés par les protéines sécrétées par des antioncogènes. Les dommages causés à ces gènes par des facteurs tels que le tabac, les radiations, les rayons ultraviolets, etc., pourraient être la principale cause du cancer mais ces divisions cellulaires rapides ne sont pas anarchiques. En cas de déséquilibre de régulation, il peut y avoir prolifération excessive. Il existerait une activation démesurée de plusieurs oncogènes et/ou la perte de plusieurs antioncogènes, entraînant la multiplication anarchique des cellules des tumeurs cancéreuses. Le gène P-16 ainsi que le P-53 ne sont peut-être pas les seuls gènes suppresseurs dont la défaillance permet la formation du cancer.

Les cellules

Les milliards de cellules qui forment notre corps sont microscopiques. Certaines restent les mêmes tout au long de notre existence, c'est le cas des cellules nerveuses. Les autres, pour la plupart se renouvellent en se multipliant constamment. Par exemple, les globules blancs du système sanguin ne vivent que quelques jours, ils meurent ensuite et sont remplacés par de nouvelles cellules identiques. De même, les cellules épithéliales doivent souvent être remplacées, (cellules de la peau, comme par exemple les pellicules du cuir chevelu). Les cellules de la muqueuse du tube digestif connaissent le même sort. Plus près de notre sujet, les cellules des canaux galactophores (canaux internes du sein qui transportent le lait) sont fréquemment et constamment remplacées au cours du cycle menstruel. Le mécanisme de remplacement des cellules «usées» par des cellules «neuves» se fait grâce à la multiplication cellulaire ou mitose. C'est de ce mécanisme que peuvent naître les cellules cancéreuses si un dérèglement au niveau des oncogènes ou des gènes régulateurs se produit à un moment quelconque; les nouvelles cellules deviennent anarchiques, et n'obéissent plus aux directives normales qui contrôlent la multiplication cellulaire. Selon la conception classique du cancer, ce processus serait irréversible, bien que l'on commence à mettre en doute cette assertion tant chez l'animal de laboratoire que chez l'humain... En effet, expérimentalement le remplacement d'un gène suppresseur a permis à des cellules cancéreuses de se reconvertir à la normale.

La multiplication cellulaire :

Chaque cellule possède un «code» qui lui permet essentiellement de faire deux choses : régir ses fonctions (par exemple dicter aux cellules du pancréas comment et quand fabriquer de l'insuline), et déterminer quand et comment se multiplier. Quand elle doit se multiplier, cette cellule-mère se sépare en deux cellules-filles identiques. Ce code interne des cellules s'appelle «code génétique» car il est transmis d'une génération à la suivante par les gènes des chromosomes; c'est ce qui fait que nous ressemblons à nos parents et que nos enfants nous ressemblent. Or, des multiplications cellulaires, il en arrive plusieurs millions chaque jour dans l'organisme. Parmi toutes ces multiplications cellulaires, quelques-unes sont ratées; la cellule qui se divise donne alors naissance à deux cellules différentes de la cellule-mère et ce, à cause d'un dérèglement génétique. Fort heureusement, dans la très grande majorité des cas, le système immunitaire (s'il fonctionne normalement) se charge de réparer ou d'éliminer ces cellules anormales. Mais certaines peuvent survivre même si elles sont différentes, car au cours de l'évolution elles ont appris à se défendre contre toutes sortes d'agresseurs. Ces cellules sont les cellules cancéreuses et il arrive qu'elles puissent défier notre système immunitaire, en particulier en cas de mauvaise nutrition, de stress excessif, d'infection, etc. Une fois bien établie, la division cellulaire non contrôlée est le propre du cancer.

Les tumeurs malignes ou cancéreuses:

Quelles sont les causes de ces erreurs, lors de la multiplication cellulaire? D'abord le code lui-même est sujet à erreurs et peut comporter des sections défectueuses, et c'est ainsi que l'information génétique erronée se transmet d'une génération à l'autre. Certains virus ou rétrovirus peuvent aussi modifier le code génétique des cellules en y inscrivant leurs propres codes. Enfin, des «contaminants» environnementaux venant de l'air que l'on respire, de la nourriture que l'on absorbe, de la cigarette que l'on fume ou des rayons solaires qui nous atteignent (tels certains rayons ultraviolets) et bien d'autres facteurs peuvent aussi intervenir dans la modification du code initial (début d'un processus cancéreux). Tous ces facteurs ou une combinaison de ceux-ci permettent la formation et la multiplication de cellules cancéreuses. La distinction entre une telle cellule et une cellule normale tient au rythme de multiplication de la cellule cancéreuse qui n'obéit plus aux mêmes impératifs régissant celui des cellules normales. Ainsi, en se multipliant rapidement et d'une façon anarchique, sans savoir où s'arrêter, ces cellules cancéreuses donnent naissance à des masses ou tuméfactions qu'on appelle tumeurs ou néoplasmes.

Lorsque les cellules tumorales ont tendance à demeurer limitées à l'intérieur de la tumeur, cette dernière est bénigne. Même une tumeur maligne, qui reste en surface ou dans les canaux où elle s'est développée, si elle n'envahit pas la paroi qui la contient, ne peut pas « métastasier ». Ce sont là des cancers dits « in situ » non envahissants. Si par contre la tumeur envahit les tissus sains qui l'entourent et forme des colonies (ou métastases) à distance, il s'agit évidemment d'une tumeur maligne ou cancéreuse. Souvent, le cancer est déjà envahissant au moment du diagnostic. Une tumeur cancéreuse envahit les tissus avoisinants et peut aussi se répandre dans d'autres organes éloignés de la lésion primitive. C'est pourquoi, dans le traitement du cancer du sein, il faut souvent traiter la maladie cancéreuse dans tout l'organisme par chimiothérapie, hormonothérapie ou chimio-hormonothérapie et non seulement la tumeur maligne locale elle-même. Le principe classique pour traiter n'importe quel cancer en tentant de tuer ou détruire TOUTES les cellules cancéreuses jusqu'à la dernière, est certainement valable pour certains cancers mais à la condition qu'ils soient bien circonscrits, même si la tumeur est volumineuse.

Néanmoins, c'est une vue quelque peu simpliste car il est bien connu que pour beaucoup d'autres cancers, en dépit de plus de chirurgie, plus de radiothérapie, plus de chimiothérapie intensive et malgré certaines rémissions, en apparence complètes, le cancer peut revenir implacablement. On doit se rappeler que «rémission complète» ne signifie pas nécessairement guérison. C'est un peu comme vouloir régler le problème du Vietnam ou du Moyen-Orient à l'aide de milliers de bombardiers B52 déversant des millions de tonnes de bombes et des missiles «intelligents» à tête chercheuse, pour détruire avec une précision incroyable toutes les positions ennemies. Malgré l'aspect spectaculaire d'une telle attaque massive, le problème sous-jacent ne sera pas réglé pour autant. Tenter de régler les problèmes de la Somalie en envoyant les troupes combattre les rebelles représente aussi un autre bel exemple de ce que je veux illustrer. Car il restera toujours des dissidents.

Dans le domaine de la biologie du cancer, c'est encore plus compliqué. Même s'il ne reste plus aucune cellule cancéreuse en place, d'autres cellules déjà initiées et programmées peuvent, dans les mêmes conditions environnantes, se transformer elles-mêmes en cellules cancéreuses, cinq, dix ou quinze ans plus tard, et donner naissance à ce que l'on peut appeler une récidive locale ou un autre foyer primaire ou même ce que l'on pourrait considérer erronément comme une métastase. Les changements ou altérations dans les gènes permettent aux cellules précancéreuses de croître d'une façon incontrôlable ou de rester dormantes. Comme le pense le professeur Lucien Israël, «le cancer est un dérèglement des cellules qui échappent aux freins multiples que la nature a prévu pour qu'elles restent à leur place». C'est ce qu'en anglais on appelle «up and down regulations» dépendant de certains facteurs de croissance et certaines enzymes, eux-mêmes assujettis à des facteurs oncogènes et anti-oncogènes, etc. La division cellulaire non contrôlée est une des caractéristiques du cancer. Au bout de chaque chromosome existent des structures ou renflements appelés télomères qui travaillent comme des horloges cellulaires. Au fur et à mesure que les cellules se divisent, ceux-ci rapetissent. Lorsque trop petits, la cellule meurt (apoptose). Dans bien des cancers, une enzyme, la télomérase, est activée, empêchant les télomères de se raccourcir. Ces cellules pourront donc se multiplier indéfiniment. Une antienzyme vient d'être découverte qui inhiberait cette télomérase, mais c'est encore expérimental.

Pourquoi le sein ?

Nous avons vu que, lorsqu'il y a division cellulaire, il y a risque d'erreurs, ne serait-ce que par le hasard, et les cellules différentes nées de ces irrégularités peuvent devenir des cellules cancéreuses. Or, à chaque cycle menstruel, interviennent des changements considérables dans le sein sous l'influence d'hormones. Ces changements s'opèrent dans le revêtement des canaux galactophores du sein. Sous l'influence de diverses hormones, des milliers de cellules du sein sont appelées à se multiplier ou du moins à s'activer et s'hyperplasier. Durant toute la période féconde de la femme, de la puberté à la ménopause, chaque mois, les cellules du sein sont ainsi sollicitées. Les seules périodes où le sein est laissé au «repos» sont pendant les grossesses; le cycle menstruel étant interrompu pendant neuf mois, et durant l'allaitement alors que les variations hormonales mensuelles n'ont pas repris. Même si la glande mammaire sécrète du lait, il s'agit là d'un autre genre d'activité qui laisse les canaux galactophores au repos, ou du moins à l'abri de ces cycles, d'où vient l'effet bénéfique des grossesses et de l'allaitement comme facteur de protection contre le cancer du sein.

Les stades du cancer du sein:

Nous avons vu que le cancer du sein, comme bien d'autres cancers, peut débuter par une ou quelques cellules cancéreuses. Celles-ci se multiplient à un rythme plus ou moins rapide. Dans le cas précis du cancer du sein, cette multiplication étant relativement lente, il peut s'écouler de 4 à 8 ans avant qu'une cellule cancéreuse se multiplie au point de former une masse de 1 cm de diamètre. Comme le cancer évolue, cette masse aussi grossit pour atteindre de 2 à 6 cm ou plus. Plus la masse s'accroît, plus il y a risque que des cellules s'en échappent, essaiment et se propagent ailleurs dans l'organisme. Toutes les tumeurs malignes ne possèdent pas le même potentiel de donner des métastases. Certaines tumeurs indifférenciées possèdent beaucoup de cellules capables de «métastasier» tôt, même si ces tumeurs ne sont pas nécessairement volumineuses. La migration des cellules cancéreuses s'effectue principalement par deux voies: les vaisseaux sanguins (les veines en particulier) ou les canaux lymphatiques. Souvent l'essaimage se fait par voie sanguine. Cette migration de cellules cancéreuses peut commencer par atteindre les ganglions lymphatiques avoisinants comme les ganglions de l'aisselle dans les cancers du sein. Ce phénomène est en général un indicatif de l'agressivité de la tumeur ou de la défense insuffisante de l'organisme de l'hôte, contre son agresseur, le cancer. La présence de ganglions lymphatiques envahis (positifs), indique que les risques de micrométastases à distance dans les os, les poumons, le foie, etc., sont plus grands, influençant ainsi la programmation des traitements systémiques. Les ganglions lymphatiques ne sont pas les instigateurs, ou les responsables, de l'essaimage, mais plutôt, le miroir qui reflète ce qui se passe dans l'organisme. Leur exérèse peut aider à contrôler la maladie localement, mais n'améliore pas la survie.

Les étapes d'évolution clinique du cancer ont été classées en quatre stades:

Stade I: Le cancer est limité essentiellement au sein et la tumeur mesure moins de 2cm de diamètre.

Stade II: Le cancer mesure plus de 2cm de diamètre, ou moins, mais présente alors des ganglions positifs. Le cancer est encore limité au sein et/ou aux ganglions axillaires.

Stade III: Le cancer est localement avancé (plus de 5cm de diamètre) souvent avec de gros ganglions, ou bien la peau sur le sein est envahie ou ulcérée.

Stade IV: N'importe quelle des situations précédentes accompagnées de métastases à distance révélées par une quelconque méthode d'investigation.

Une fois cette classification obtenue, elle est appuyée par divers tests diagnostiques grâce à une investigation, clinique, radiologique, radio-isotopique, poussée etc., c'est-à-dire un bilan métastatique complet qui permet de planifier les traitements à venir.

Biologie du cancer et traitement:

Les connaissances actuelles de la biologie du cancer du sein, enseignent qu'il ne se propage en tache d'huile (de proche en proche) que très rarement. La propagation directe de la tumeur dans les tissus avoisinants est très secondaire, en importance, par rapport à l'essaimage des cellules cancéreuses par voie sanguine. La dissémination de ces cellules est une conséquence de la pénétration des vaisseaux sanguins et lymphatiques par les cellules cancéreuses de la tumeur. C'est la raison pour laquelle l'exérèse de la totalité du sein n'a jamais accru les chances de survie au cancer car le problème se situe ailleurs, à distance. C'est, personnellement, ce que je crois et je prêche depuis 1969. Cette approche chirurgicale non mutilante gagne graduellement du terrain dans les milieux médicaux traditionnels, mais non sans peines et critiques. Cependant, l'hérésie d'hier devient graduellement l'orthodoxie d'aujourd'hui. Dans la chirurgie du cancer du sein, il convient de nous rappeler que PLUS N'EST PAS NÉCESSAIREMENT MIEUX. Les moyens les plus efficaces pour détruire les cellules cancéreuses à distance sont la chimiothérapie, l'hormonothérapie ou l'immunothérapie, cette dernière étant encore au stade expérimental dans le traitement du cancer du sein et, de plus, très onéreuse. On note également les progrès issus de la biothérapie (interféron, interleukines, agents redifférenciants...) que nous aborderons dans plusieurs autres chapitres. La biologie du cancer est une chose complexe et nos chances de succès ne résident pas dans une formule unique mais plutôt dans des attaques conjuguées sur tous les fronts (multidisciplinaire), en utilisant tous les moyens thérapeutiques connus: chimiothérapie, hormonothérapie, radiothérapie, chirurgie, immunothérapie, biothérapie et psychologie (cf: la pensée positive). Ne pas oublier que, d'un côté, il y a le cancer à combattre et de l'autre il y a l'hôte, c'est-à-dire l'organisme qui l'héberge et qu'il faut renforcer.

Ainsi, existent des observations bien fondées de régression spontanée de certains cancers, de redifférenciation, ou retour en arrière vers un état plus normal, sinon tout-à-fait normal, sous l'effet de certains agents redifférenciants comme les rétinoïdes, l'interféron, la somatostatine et des modulateurs de la réponse biologique.

Dans la survie de 5, 10, 15 ans ou plus, combien de ces «guérisons» sont imputables aux traitements médicaux et combien d'autres sont dues plutôt à une bonne défense immunitaire de l'hôte contre le cancer, à une bonne homéostasie et à une «santé mentale» saine? Les dernières cellules cancéreuses n'ont pas nécessairement été détruites, mais les traitements ont aidé l'organisme à renverser la situation et à combattre de l'intérieur les résidus tumoraux laissés en place. Ils ont donc donné à l'organisme le pouvoir de se guérir et de surmonter la maladie cancéreuse. Cette notion sera sans doute mieux prouvée scientifiquement dans un avenir pas très lointain.

Il est certain que l'on aurait intérêt à attribuer plus d'importance aux recherches en prévention du cancer, avant même que le cancer commence, et ne pas axer nos efforts uniquement sur la thérapie. Au point de vue traitement, il est possible que le cancer finisse par être apprivoisé, ou contrôlé à très long terme plutôt qu'anéanti, tout comme l'insuffisance cardiaque, l'hypertension artérielle, le diabète, etc, que l'on ne guérit pas, mais que l'on contrôle.

Combattre le cancer du sein c'est ma profession, et ma profession, c'est ma vie.

Roger Poisson

Chapitre 7

Le diagnostic

> *« Comme aurait dit La Palice, moins on palpera les seins, et plus les cancers découverts à l'occasion des mammographies seront déclarés non palpables. Il ne faut pas confondre le cancer « non palpable » avec le cancer « non palpé ».»*

Dominique Gros[1]

Considérations préliminaires:

Pour obtenir de bons résultats thérapeutiques, il faut un diagnostic précoce et précis, afin de faciliter l'orientation et la bonne planification du traitement, sans hospitalisation obligatoire si possible. Dans les cas où les méthodes pratiques et habituelles de diagnostic ne sont pas suffisantes, la méthode la plus fiable pour obtenir un diagnostic sûr et définitif est l'examen histologique au microscope du tissu mammaire prélevé au moyen d'une biopsie chirurgicale. C'est la plus ancienne et la plus infaillible des techniques, cependant elle est de plus en plus supplantée par de nouvelles méthodes moins onéreuses et beau-

---

[1] Extrait de *« Les seins aux fleurs rouges »*

coup moins pénibles pour la patiente, à savoir la combinaison complémentaire de l'une ou de plusieurs des méthodes suivantes: l'histoire de cas, l'examen physique, l'examen des écoulements des mamelons si disponible, la mammographie, la thermographie, l'échographie, la scintimammographie, la stéréotaxie mammaire (pour les lésions non palpables), la cytoponction à l'aiguille fine ou la biopsie «tru-cut» à l'aiguille ou biopsie au trocart. Ces deux dernières techniques vont fournir un diagnostic précis, et évaluer le grade nucléaire du cancer ainsi que certains autres paramètres importants pour l'orientation des traitements, comme les récepteurs hormonaux, certains marqueurs de prolifération cellulaire, comme le Ki67, etc. D'emblée, j'aimerais préciser que la palpation, les mammographies et les biopsies à l'aiguille fine ne sont pas concurrentes mais plutôt complémentaires.

Heureusement, la majorité des bosses aux seins s'avèrent bénignes: un kyste, un fibroadénome ou un nodule dysplasique. Cette observation doit être prise comme un encouragement à consulter tôt. Dès qu'il existe une tuméfaction, si petite soit-elle, une lésion visible sur la peau du sein, un écoulement du mamelon ou encore une asymétrie entre les deux seins (forme, grosseur ou orientation différentes), une consultation médicale s'impose. Seuls les médecins, prudents et vigilants, peuvent déterminer avec des techniques spécifiques s'il s'agit ou non d'un cancer. Il faut se rappeler que plus le cancer est diagnostiqué précocement et petit, moins les traitements sont mutilants et meilleures sont les chances de guérison.

Même si la patiente est jeune, il faut toujours penser à la possibilité d'un cancer, jusqu'à preuve du contraire. Chez les jeunes patientes, la palpation et les cytoponctions à l'aiguille fine sont particulièrement utiles, je dirais même «roi et maître».

La consultation:

Dans la majorité des cas (90%), les patientes viennent consulter parce qu'elles-mêmes ou occasionnellement leurs partenaires ont découvert une bosse sur un sein, d'où l'importance de l'auto-examen des seins. L'autre grande cause de consultation est lorsque les femmes ressentent une douleur dans un sein ou les deux, ou seulement sur une bosse. Ici, il y a un mythe à détruire. Le fait que la masse soit sensible ou même douloureuse ne veut pas dire que c'est grave. Le contraire est également possible. Dans 85% des cas, une tumeur cancéreuse ne cause pas de douleur, mais il reste 15% des cas où la tumeur cancéreuse peut être sensible, voire même quelque peu douloureuse. Dès que vous identifiez une bosse dans votre sein, vous devez consulter le plus tôt possible. Il ne faut pas courir de risque. La consultation médicale va comprendre: l'histoire de cas, l'examen physique et la cytoponction à l'aiguille fine s'il y a une tuméfaction, et si le médecin ou le spécialiste est bien familiarisé avec cette technique. L'histoire de cas, par un questionnaire élaboré vise à établir si la patiente fait partie d'un groupe à risque élevé: antécédents familiaux, âge, menstruations précoces, nombre et âge aux grossesses, allaitement, ménopause tardive, prise d'hormones oestrogéniques de remplacement, problèmes antérieurs relatifs aux seins, etc.

À l'examen physique, le médecin observera d'abord soigneusement sa patiente, torse nu, en position assise. Pour juger il faut comparer les deux seins et ne pas avoir de fausse pudeur. Cet examen visuel (l'inspection) permettra de détecter et comparer toute asymétrie ou changement de forme, de grosseur ou d'orientation des seins et des mamelons. Par la suite, le médecin palpera la patiente allongée sur le dos, les bras derrière la tête. Cette position est fondamentale et souvent la plus efficace pour une exploration minutieuse car les seins sont plus étalés, et plus faciles à palper, en les comprimant avec les doigts de la main bien à plat contre la paroi thoracique. Le médecin palpera les deux seins et les ganglions axillaires (sous l'aisselle) et supra-claviculaires (au-dessus des clavicules). L'inspection et la palpation en position assise sont également importantes et complètent l'examen fait en position couchée. Il ne faut surtout pas s'imaginer qu'avec l'avènement de bien d'autres techniques plus sophistiquées, que l'inspection et la palpation des seins ne sont plus importantes! Combien de fois ai-je vu des patientes, surtout des jeunes, avec des mammographies récentes rapportées normales, présenter une bosse plus ou moins grosse au sein qui s'est avérée être un cancer à la cytoponction à l'aiguille fine... La palpation des seins bien faite restera toujours l'examen de base. C'est un art à la fois simple et complexe, de même que la cytoponction à l'aiguille fine. Avant de rassurer une patiente et lui affirmer qu'elle n'a rien de grave, il faut en être bien certain!

A ce stade-ci, le médecin, surtout s'il est expérimenté, a déjà une bonne idée du diagnostic. Néanmoins, il fera toujours appel à certaines autres techniques d'examen. Les techniques d'imagerie comportent la mammographie, l'échographie, la thermographie, la résonance magnétique nucléaire et la scintimammographie. Les techniques de détection microscopique incluent la biopsie à l'aiguille fine, la biopsie à l'aiguille «tru-cut», les biopsies sous stéréotaxie (ou téléguidées) et la biopsie chirurgicale.

Les techniques de détection visuelle :

Toutes les techniques regroupées sous ce vocable cherchent à fournir une image de l'intérieur du sein, que ce soit par les rayons X (mammographie), par des ultrasons (échographie), par la résonance magnétique nucléaire, par plaques de détection de chaleur (thermographie) ou par isotopes radioactifs (scintimammographie). Il s'agit de découvrir s'il existe une lésion suspecte, d'analyser les caractéristiques des pourtours de cette masse, sa densité, sa grosseur et de voir s'il y a ou non des ganglions axillaires douteux, etc. Cette visualisation permet d'approcher du diagnostic.

La mammographie :

De toutes les techniques de détection visuelle, la mammographie est certainement la plus utilisée, la mieux documentée et la plus fiable. Depuis plus de quarante ans, la mammographie est utilisée dans la détection des lésions bénignes et malignes du sein. Elle peut être réservée à deux fins bien différentes : comme outil de diagnostic ou dans un but de dépistage. A cet effet, nous avons souvent répété l'importance de détecter le plus tôt possible une tumeur cancéreuse. Alors que les patientes se découvrent une bosse lorsque celle-ci a plus de deux centimètres, que le médecin peut déceler une bosse d'environ un centimètre, la mammographie peut parfois détecter une lésion dix fois plus petite (0,1 cm) non palpable. En ce qui concerne son apport au diagnostic, la mammographie occupe une place de premier choix. On ordonne toujours une mammographie en cas de tuméfaction palpable (excepté chez les très jeunes femmes) ou lors de lésion eczémateuse du mamelon, rétraction du mamelon, ulcération ou fossette ou encore changement de contours dans l'apparence du sein, etc. Ici, il ne s'agit pas de dépistage et la patiente peut très bien n'être que dans la trentaine ou début de la quarantaine, une mammographie va alors s'imposer. Avec le perfectionnement des appareils, les mammographies sont devenues des instruments indispensables mais non infaillibles pour « voir » ou détecter les tumeurs. Lors de la mammographie, les rayons X passent à travers les tissus moins denses et sont arrêtés par les plus denses. Si la tumeur est de même densité ou de densité semblable à celle des tissus avoisinants, la mammographie ne la verra pas. Cela se produit dans près de 16 % des cas chez les femmes de plus de cinquante ans et ce pourcentage peut atteindre 41 % chez les femmes plus jeunes. Au point de vue dépistage, les mammographies sont recommandées chez les femmes au-dessus de cinquante ans. Chez les femmes dans la quarantaine, leur rôle est plus controversé. Personnellement j'y crois, après avoir traité des centaines de petits cancers non palpables chez ce genre de patientes. Les mammographies de dépistage chez les femmes de 40 à 50 ans, même si un peu moins précises, ne devraient pas occasionner toutes sortes de biopsies chirugicales inappropriées, ceci grâce à l'avènement des biopsies à l'aiguille au trocart sous stéréotaxie ou téléguidées et ce sans opération.

Cependant, malgré l'importance indéniable de la mammographie, on ne répétera jamais assez qu'une mammographie négative, en présence d'une tuméfaction dominante du sein, n'est pas une garantie qu'il n'existe pas de cancer. Nous devons admettre qu'il n'existe pas de test fiable à 100%, et qu'il faut interpréter toute bosse dans le sein en corrélation avec plusieurs examens complémentaires: examen physique avec inspection et palpation minutieuses, la cytoponction à l'aiguille fine au moindre doute et mammographie à l'appui, exception faite pour les très jeunes patientes. Combien de jeunes filles de quinze, seize et dix-sept ans m'ont été référées avec déjà une ou deux mammographies, à cause d'une bosse dans le sein qui, cliniquement et à la cytoponction était facilement identifiée comme étant un fibroadénome. La mammographie n'ajoute absolument rien au diagnostic chez ces jeunes personnes. L'utilisation de mammographies intempestives peut être nuisible. Par contre, chez les patientes plus âgées, le danger théorique d'induire des cancers est de beaucoup exagéré, par rapport à l'importance et l'utilité de diagnostiquer précocement un cancer. Bien que fort utile, la mammographie demeure un des outils de diagnostic mais non le seul.

L'échographie:

L'échographie est une technique plus récente du moins en ce qui concerne son rôle dans le diagnostic du cancer du sein. Son fonctionnement est simple à comprendre. L'échographie utilise des ultrasons, des sons dont la fréquence est si élevée que l'oreille humaine ne peut pas les entendre. S'ils sont émis sur le sein et pénètrent à l'intérieur, et qu'ils rencontrent une forme solide, ils retourneront à l'appareil (tel l'écho), seront amplifiés, traités par ordinateur et visualisés sur un écran. Les échographies ne sont pas nocives pour la santé. Elles permettent de voir le contour et la forme, l'intérieur et même l'arrière d'une tumeur. Il est alors plus simple de différencier une tuméfaction bénigne à contours lisses et sphériques, à l'intérieur vide et à rebords réguliers d'une tumeur maligne à contours généralement irréguliers et étoilés, à intérieur dense et à rebords arrières irréguliers. L'échographie complémentaire à la mammographie vise quatre groupes de patientes : (1) celles dont le tissu mammaire est très dense et qui ont des symptômes localisés, en particulier chez les femmes jeunes, (2) celles qui présentent des masses non palpables mais visibles sur la mammographie, (3) celles qui présentent des masses palpables mais mal définies sur la mammographie et (4) celles qui présentent des lésions non palpables et qui nécessiteront des biopsies à l'aiguille « tru-cut » sous contrôle échographique.

Bien qu'elle soit avantageuse, l'échographie doit toujours être utilisée en parallèle avec d'autres techniques. D'une part elle a tendance à ne pas déceler de petites tumeurs, surtout quand le sein contient beaucoup de tissu graisseux, et elle ne permet pas de repérer les microcalcifications, éléments très importants dans le diagnostic d'un cancer du sein. Il faut retenir que l'échographie mammaire est un examen d'appoint à la mammographie.

La thermographie :

La thermographie utilise la différence de chaleur pour déceler l'existence de tumeurs cancéreuses. Nous avons vu que les cellules cancéreuses se multiplient plus rapidement que les cellules saines. Puisqu'elles sont plus actives, elles dégagent plus de chaleur. C'est à partir de ce principe qu'en 1956, le docteur Ray Lawson de l'Université Mc Gill, un de mes anciens professeurs, mit au point les bases de la thermographie en sénologie (la médecine qui traite du sein) au début des années 1960. Il découvrit et mesura que l'endroit situé au-dessus d'une tumeur cancéreuse dégageait 1,2 degrés de plus que les autres régions du sein. Si le principe de la thermographie semble en soi attirant, ses applications sont plutôt limitées. Cette technique risque de détecter des cancers chez celles qui n'en ont pas (faux positif) et de ne pas les détecter chez celles qui en ont (faux négatif). La thermographie a donc un usage limité dans le diagnostic du cancer du sein. Cependant elle peut donner une idée de l'agressivité biologique des tumeurs malignes déjà révélées par la biopsie à l'aiguille. Elle est aussi utile dans le suivi des patientes qui ont subi une tumorectomie. Elle peut signaler un réallumage, c'est-à-dire une nouvelle augmentation de la température, signe probable d'une éventuelle récidive. Une chose est certaine, c'est que la thermographie doit être utilisée en conjonction avec d'autres méthodes diagnostiques.

La scintimammographie

C'est une nouvelle technique qui utilise le technétium 99m Sestamibi. Ce marqueur se dépose dans les lésions qui autrement seraient invisibles. Cette technique d'imagerie se pratique en médecine nucléaire. Cet examen complémentaire apporte des renseignements nouveaux tant pour le diagnostic que pour le «staging». Elle est utilisée dans les cas d'une masse cliniquement palpable mais difficile à identifier à la mammographie. Cette technique permet de mieux différencier un cancer d'une lésion bénigne et se révèle très utile dans le dépistage précoce des métastases ganglionnaires axillaires et de la mammaire interne, ce qui aide à programmer les traitements subséquents.

La cytoponction à l'aiguille fine :

Il s'agit là d'une très bonne technique que nous utilisons couramment dans notre Service de chirurgie oncologique à l'Hôpital Saint-Luc de Montréal depuis plus de vingt-trois ans, avec un très haut taux de fiabilité, grâce à l'excellente collaboration et compétence des membres du Service de cytologie et pathologie. Sur une étude personnelle de 766 cas (65), nous n'avions que 5,9 % de faux-négatifs et moins de 1 % de faux-positifs. Les résultats obtenus démontrent l'excellente fiabilité de ce test. C'est le docteur Yvon Boivin de l'Hôtel-Dieu de Montréal qui a introduit cette technique suédoise au Québec, au début des années 70, alors que peu de médecins y croyaient. La cytoponction à l'aiguille fine permet d'aspirer du liquide ou des cellules d'une masse détectée dans le sein. Elle peut être utilisée à des fins thérapeutiques ou diagnostiques. Il arrive souvent que les bosses repérées dans le sein soient des kystes. Ceux-ci sont en très grande majorité des lésions bénignes qu'il est préférable de vidanger par ponction à l'aiguille fine afin de confirmer le diagnostic et rassurer les patientes. Plusieurs patientes surprises que leur bosse ait aussi facilement disparu m'ont déjà demandé après la ponction d'un kyste si c'était de l'acupuncture!!! Il ne doit rester aucune masse palpable pour confirmer notre diagnostic de kyste. L'obtention d'un liquide sanguinolent ou la présence d'une masse résiduelle, sont des indices poussant à effectuer d'autres tests, comme une kystographie (injection d'un matériel radio-opaque suivie d'une radiographie), afin de découvrir la vraie nature de cette masse. En plus de son utilisation diagnostique et thérapeutique pour les kystes mammaires, la cytoponction à l'aiguille fine est aussi fort recommandée pour le diagnostic des tuméfactions solides, qui dans ces cas ne ramène aucun liquide mais des cellules qui, fixées sur lame, seront étudiées en laboratoire.

A l'Hôpital Saint-Luc de Montréal, la cytoponction à l'aiguille fine fait partie intégrante de toute investigation de masse dominante du sein, en association avec l'examen physique et souvent complétée par une mammographie. La cytoponction et la mammographie reposant sur des moyens physiques différents, se complètent avantageusement, car leur pourcentage d'erreur ne se superpose pas...

À cause des préjugés, cette méthode diagnostique a eu beaucoup de mal à s'implanter. Certains médecins pensaient que la biopsie à l'aiguille fine risquait d'essaimer les cellules cancéreuses! De plus, beaucoup de chirurgiens ont longtemps pensé qu'il fallait opérer quels que soient les résultats de la cytoponction à l'aiguille fine. Tout ceci a beaucoup retardé l'utilisation de cette technique sur une grande échelle, et a certainement nui au diagnostic et traitement de bien des cancers du sein. Une mise au point sur les cytoponctions est donc nécessaire. Elles évitent les biopsies chirurgicales pour kystes et les opérations en deux temps (une chirurgie pour explorer et diagnostiquer et une deuxième pour enlever la masse si elle est cancéreuse), épargnant ainsi à la patiente une seconde anesthésie et une attente angoissante inutile. Elles éliminent aussi plusieurs interventions chirurgicales non indispensables comme il se faisait dans l'ancien temps, et comme il se pratique encore assez couramment chez nos voisins du sud.

Si le matériel obtenu n'est pas tout à fait satisfaisant, il est important de refaire d'emblée une cytoponction; la valeur de ce test est telle que la minute passée à reprendre la technique peut épargner énormément de problèmes plus tard. Souvent, l'insuffisance du matériel récolté lors d'une cytoponction est due à la nature de la lésion et non nécessairement à une erreur technique; ainsi les tumeurs très fibreuses, les nodules dysplasiques et les tumeurs bénignes fournissent moins de matériel.

Après la cytoponction, tous les frottis sont examinés au microscope par le pathologiste et sont classés comme bénins, malins et occasionnellement suspects. Les frottis considérés douteux comportent des changements inquiétants au niveau des cellules mais insuffisants pour porter un diagnostic de malignité. Une biopsie à l'aiguille «tru-cut» ou une biopsie chirurgicale permettront de préciser le diagnostic.

L'étude des lames effectuée par un laboratoire de cytologie expérimenté est rapide; normalement deux ou trois jours et en urgence, quelques heures. Les résultats parvenant tôt au médecin lui permettent de discuter avec la patiente des différentes formes de traitements possibles, et d'obtenir un consentement éclairé.

Avec l'expérience, même l'aspect du frottis cellulaire étendu sur la lame peut renseigner le clinicien sur la nature de la lésion. Si du matériel cellulaire avec un peu de sang est obtenu en abondance, une lésion cancéreuse est fortement soupçonnée. Si le spécimen contient très peu de matériel cellulaire et est dépourvu de sang, un fibroadénome ou un placard dysplasique (inflammation avec fibrose) sont plus probables. Quant aux kystes, il est évident qu'un liquide verdâtre suivi de la disparition complète de la masse n'a pas en général de signification pathologique grave. Beaucoup de chirurgiens pensaient que les biopsies à l'aiguille risquaient d'aissaimer le cancer!

Employés conjointement, les résultats de la cytoponction, de la mammographie et de l'examen clinique détectent la majorité des cancers atteignant une fiabilité de 95 % à 98 %. La cytoponction à l'aiguille fine est évidemment beaucoup moins agressive que la biopsie en salle d'opération. Un des rares effets secondaires obtenu peut consister en un hématome (appelé couramment un «bleu») au site ponctionné. On peut y remédier en se servant d'une aiguille très fine (jauge 22 ou 23) et en appliquant une bonne pression au site de ponction immédiatement après le retrait de l'aiguille.

En terminant, ajoutons que la cytoponction à l'aiguille fine nous permet aussi de doser les récepteurs d'oestrogène (ER-ICA) et de progestérone (PGR-ICA), de connaître le diamètre des noyaux des cellules cancéreuses, le dosage de l'ADN cellulaire, du Ki67 (un marqueur de prolifération cellulaire) et d'obtenir le grade nucléaire pour évaluer le degré de différenciation des cancers. Souvent, une cytométrie de flux est également obtenue pour corroborer les autres tests. On peut aussi, à la cytoponction, en profiter pour prélever des cellules qui serviront à déterminer la teneur des cellules malignes en P-glyco-protéines, substance qui permet d'obtenir une idée sur l'efficacité ou la non efficacité d'une chimiothérapie éventuelle. Nous voyons donc que les investigations et les recherches médicales actuelles considèrent la cytologie comme une aide précieuse dans l'évolution thérapeutique et diagnostique. En fait, une cytoponction à l'aiguille fine devrait toujours être faite en présence de n'importe quelle masse dominante du sein, quel que soit l'âge de la patiente. D'exécution rapide, brillante, nette, simple à pratiquer, économique et quasi indolore, elle confirme l'exactitude du diagnostic clinique et mammographique, l'opportunité d'une opération et la certitude de sa nécessité. On peut remarquer sur la page frontispice de ce livre, une femme tenant dans ses mains une seringue et un film de mammographie démontrant un petit cancer, deux instruments indispensables au diagnostic. Son ceinturon représente la double hélice de l'ADN que l'on retrouve dans les gènes des chromosomes et que l'on utilise de plus en plus en laboratoire de génétique.

La biopsie au trocart téléguidée :

Cette biopsie a pour but de prélever dans le sein des morceaux de tissus sous forme de petites «carottes» tissulaires qui seront par la suite analysées au microscope. A certains égards, elle ressemble un peu à la cytoponction sauf que son aiguille est nettement plus grosse et tranchante avec un mandrin ou cylindre à l'intérieur. Elle peut se pratiquer au cabinet du médecin ou au lit de la patiente. Elle est effectuée à l'aide d'un instrument ou trocart muni d'un dispositif qui s'appelle : «trucut». Après avoir désinfecté la région où doit être faite la biopsie, le médecin pratiquera sous anesthésie locale une petite incision au scalpel. Cette ouverture aura une longueur de 1 à 2 mm et sera légèrement incurvée ; cette forme d'entaille, respectant les lignes de tension de la peau du sein, ne laissera qu'une cicatrice quasi-invisible. Une fois l'incision réalisée, l'aiguille est introduite dans la masse suspecte et un morceau de tissu est prélevé à l'aide du cylindre ou trocart, qui glisse à l'intérieur de l'aiguille et est enfoncé dans la tumeur pour en découper et retirer un genre de petite carotte tumorale. Le tissu prélevé est immédiatement envoyé au laboratoire de pathologie. Puis la boutonnière est suturée à l'aide d'un point. La technique « tru-cut » offre l'avantage d'obtenir un prélèvement de certaines masses qui lors de la cytoponction n'ont libéré que peu ou pas de cellules. Le « tru-cut » est utile lorsque les cytoponctions sont négatives alors que l'on pense cliniquement et radiologiquement que la tumeur est possiblement maligne. Dans le cas des tumeurs non palpables, sous stéréotaxie, elle est plus précise que les cytoponctions et devient alors d'une valeur inestimable.

Stéréotaxie :

Pour les lésions non palpables mais tout de même suspectes à la mammographie, les biopsies à l'aiguille « au trocart » sous stéréotaxie mammaire, c'est-à-dire sous contrôle radiologique assisté par ordinateur ou sous contrôle échographique, deviennent de plus en plus précises et gagnent beaucoup de terrain au Québec et en Amérique du Nord en général. Avant l'avènement de cette technique, dans les cas de lésions radiologiques plus ou moins suspectes et non palpables du sein on se fiait essentiellement aux critères radiologiques pour décider s'il fallait opérer ou non. Les biopsies à l'aiguille « tru-cut » sous stéréotaxie permettent de prélever du tissu suspect sur des lésions très petites, mesurant à peine 3 millimètres de diamètre et d'étudier l'échantillon tissulaire en pathologie pour savoir s'il s'agit d'une lésion bénigne ou maligne. Elle identifie aussi des lésions bénignes qui peuvent être réévaluées 3 ou 4 mois plus tard, et des vrais micro-cancers, qui doivent être traités le plus tôt possible. Cette technologie de fine pointe nous permet de ne plus nous fier uniquement aux critères radiologiques de bénignité ou de malignité, concernant les lésions si petites qu'on ne peut même pas les palper. Il reste que les résultats de la stéréotaxie doivent toujours être interprétés en corrélation avec l'examen clinique, les mammographies et, si besoin est, en réévaluant l'ensemble des données quelques mois plus tard. La biopsie à l'aiguille «tru-cut» sous stéréotaxie mammaire contribue à nous rapprocher de la situation idéale qui consisterait, d'une part à ne jamais passer à côté d'une lésion maligne si petite soit-elle, et d'autre part à ne pas encourager toutes sortes de biopsies chirurgicales inappropriées.

La biopsie chirurgicale :

C'est une petite opération qui se fait sous anesthésie locale ou sous anesthésie générale en salle d'opération. La biopsie chirurgicale peut être de deux types : une biopsie incisionnelle ou une biopsie excisionnelle. Comme deux tumeurs sur trois sont en général bénignes, lorsque la tumeur est de un centimètre ou moins, la biopsie excisionnelle (qui enlève toute la tumeur) est conseillée. Avant l'avènement des biopsies à l'aiguille, la biopsie chirurgicale était toujours utilisée, elle se pratique encore dans les hôpitaux moins spécialisés. Dans certains cas, si la tumeur est importante, une biopsie incisionnelle (excise une petite partie de la tumeur) est alors pratiquée. Une fois la tumeur excisée, l'incision est refermée et aucun drainage n'est requis. Lorsqu'une hémostase soigneuse a été pratiquée (cautérisation des vaisseaux sanguins), le sein reprendra sa forme originelle de lui-même. Des biopsies de la peau du sein sont aussi pratiquées lorsque l'on soupçonne la maladie de Paget[1] ou un carcinome inflammatoire.[2]

Lorsqu'une masse n'est pas palpable et qu'elle a été mise en évidence par mammographie, il faudra recourir à la radiologie pour localiser parfaitement l'endroit et la profondeur de cette masse. On peut aussi par stéréotaxie, laisser un guide métallique, encore appelé harpon, à proximité de la lésion. Le chirurgien pourra repérer plus facilement la lésion au moment de l'intervention chirurgicale et être certain d'exciser la bonne lésion en suivant le guide métallique à l'aide du bistouri, tout en enlevant le moins de tissu mammaire possible. Finalement, lorsqu'il y a un écoulement anormal du mamelon, on peut soupçonner la présence d'une petite tumeur dans un canal. Si cette tumeur, appelée papillome, n'est pas palpable, on peut la localiser en insérant un petit cathéter dans le canal du mamelon par où s'écoulent les sécrétions et en y injectant un colorant (colorant bleu Evans) il sera ainsi facile, lors de la biopsie, de découvrir et d'enlever le canal et cette tumeur qui seront colorés en bleu.

---

[1] cancer du sein qui se manifeste par un eczéma ou excoriation du mamelon - voir cas inusités chapitre 13

[2] cancer du sein à mauvais pronostic qui se traduit par une rougeur, chaleur et enflure de tout le sein ainsi qu'une masse diffuse dans le sein

Investigation complète ou bilan métastatique:

Une fois que la cytoponction ou biopsie a prouvé qu'il s'agit bien d'un cancer, toute une investigation devient nécessaire : rayons X des poumons et des os, prises de sang, électrocardiogramme, scintigraphie ou cartographie osseuse, échographie abdominale etc... tout ceci pour déterminer si ces organes sont normaux ou non. Il faut déterminer la stadification ou le «staging», c'est-à-dire connaître l'étendue de la maladie : se limite-t-elle au sein ou s'est-elle métastasiée? On désire ainsi avoir toutes les cartes en main pour planifier le meilleur traitement possible et le plus approprié. Il est évident que si des métastases sont détectées au cours de l'investigation complète, il n'y a pas lieu d'être agressif sur le sein et encore moins sur les ganglions axillaires, une chimiothérapie et ou une 9hormonothérapie seront alors utilisées. De plus ce bilan, même s'il revient normal, nous donne une bonne base de référence pour les années à venir.

Chapitre 8

Les traitements chirurgicaux

*« La chirurgie d'ablation n'est belle que
sportivement parlant : au point de vue
biologique, elle est brutale, contre nature,
et c'est au fond une piètre thérapeutique que celle
qui guérit les organes malades en les supprimant
définitivement. Nous devons avoir pour l'avenir
d'autres ambitions. »*

Professeur René Leriche[1], 1945

Rappel historique :

De tous les traitements connus contre le cancer du
sein, la chirurgie est certainement le plus ancien.
Vers la fin du 19ième siècle, début du 20ième, le professeur William S. Halsted officialisa et standardisa
la mastectomie radicale. Cette technique chirurgicale
consiste à enlever la totalité du sein, les muscles
pectoraux sous-jacents et tous les ganglions axill-
laires. Ce professeur de l'Université Harvard, avec
tout le prestige et l'autorité dont il bénéficiait, venait
d'instituer un dogme qui allait demeurer, incontesté,
plus de trois quarts de siècle : la mastectomie radicale, encore largement pratiquée chez nos voisins du
Sud, bien que les muscles du thorax ne soient plus

---

[1] Professeur Leriche *(La chirurgie à l'ordre de la vie)* D. Zeluk
ed. 1945

enlevés. Ce dogme voulait que quelle que soit la grosseur de la tumeur, l'âge de la patiente et l'emplacement du cancer, on pratiquait une mastectomie totale sous peine de faire courir de graves risques à la patiente. Au milieu des années 70, en grande partie sous l'influence du Dr Georges Crile de Cleveland et du Professeur Patey d'Angleterre, le monde chirurgical est passé graduellement de la mastectomie radicale à la mastectomie radicale modifiée qui consiste à enlever le sein et les ganglions axillaires tout en préservant les muscles pectoraux.

A l'Hôpital Saint-Luc de Montréal, dès le milieu des années 60, même s'il n'y avait alors aucune preuve scientifique que cette opération était aussi valable que la mastectomie radicale classique, nous avons commencé à pratiquer des mastectomies radicales modifiées. A l'usage, cette opération a donné des résultats valables et de beaucoup supérieurs à la mastectomie radicale classique. Elle a graduellement gagné du terrain et s'est généralisée dans le monde entier au cours des années 70, sans l'appui d'aucune étude prospective, randomisée et avec témoins. Cette intervention est encore la plus pratiquée en Amérique du Nord hors du Québec. Même si on ne «gratte» plus jusqu'à l'os, elle a encore l'inconvénient d'enlever tout le sein.

Pour les pionniers, il devenait de plus en plus évident qu'une opération, si large soit-elle, ne pouvait pas régler tous les problèmes. C'est en 1969 et surtout en 1970 et 1971, que j'ai commencé graduellement mes premières mastectomies partielles ou tumorectomies à l'Hôpital Saint-Luc pour les petites tumeurs de moins de 3cm de diamètre. Les dogmes ne sont pas tous de nature religieuse ou politique. Ceux qui ont mis en doute celui de William Steward

Halsted n'ont pas seulement montré beaucoup d'indépendance et de courage intellectuel, mais ils ont aussi fait franchir un pas important au traitement du cancer du sein. Les radiothérapeutes français (2,12), ceux du Princess Margaret à Toronto (59) et certains chirurgiens québécois, les docteurs Ray Lawson, N. Belliveau (5) et moi-même (61,62-64), avons commencé à porter un dur coup à la mastectomie radicale dès la fin des années 60 . Les mastectomies furent alors remises en question de plus en plus. L'Hôpital Saint-Luc de Montréal, à ce point de vue, a joué un rôle primordial et de chef de file dans ce nouveau domaine. Il devint de plus en plus évident que la survie dépend de la présence ou de l'absence de micrométastases à distance, au moment du diagnostic initial, et non du type d'opération ou de traitement local utilisé (24,25,76). Que le sein soit préservé ou non n'influence pas la survie. Cette observation a pris de nombreuses années à être comprise et approuvée scientifiquement (et elle est facilement remise en doute). Pendant ce temps, combien de centaines de milliers de mastectomies radicales furent pratiquées sous prétexte que les résultats des traitements non mutilants n'étaient pas encore prouvés à 100%? Tant aux États-Unis qu'au Canada, de nombreux chirurgiens ont eu du mal à s'adapter à ces nouveaux concepts. D'une part les preuves biologiques et cliniques amènent les spécialistes à changer graduellement d'idée à l'égard de leurs anciennes conceptions de la mastectomie, et d'autre part les femmes contestent avec raison cette opération mutilante. Fort heureusement beaucoup d'entre elles exigent une deuxième, voire une troisième opinion avant d'accepter la mastectomie radicale modifiée qui s'avère dans l'esprit de bien des femmes une intervention dépassée! Elle a pourtant encore sa place, mais de moins en moins fréquemment. Combien de fois des patientes sont venues me voir après avoir subi une mastectomie radicale! En les questionnant, on apprenait que ces patientes étaient allées se faire traiter à l'endroit le plus près de leur domicile, pour faciliter les visites, ou bien qu'elles n'avaient pas «osé» déplaire à leur médecin ou chirurgien traitant et ce pour une tumeur de 2 à 3cm de diamètre! Aux États-Unis en 1974, Mesdames Betty Ford et Happy Rockefeller chez qui, à 10 jours près, on avait découvert un cancer du sein, furent toutes les deux traitées par mastectomie radicale. Mme Rockefeller, opérée par le docteur Jerome Urban, subit une mastectomie radicale modifiée bilatérale, parce qu'il y avait dans l'autre sein un petit cancer de 2 à 3 mm de diamètre de la grosseur d'un petit pois! Ces exemples de femmes très connues faisaient dire à plusieurs chirurgiens que si ces deux dames, de la haute société américaine, qui avaient le choix de bons chirurgiens avaient été traitées par mastectomie radicale, ce traitement devait être le meilleur (cet argument m'a donné beaucoup de fil à retordre dans les années 70!). Comme quoi la science n'est pas toujours à l'abri des sophismes... J'ai commencé en 1970-1971, d'une façon prudente à préserver le sein, à une époque où ceci était considéré comme un péché mortel dans la société médicale traditionnelle.

Ce n'est que vers le milieu des années 80 que la tumorectomie a accédé au stade de péché véniel pour la profession médicale classique (13). Il a fallu attendre la réunion de consensus du NIH (57) (National Institutes of Health) à Washington en juin 1990, pour que le doute dans les milieux officiels soit levé, vis-à-vis de la préservation des seins pour les petites tumeurs, et que ces traitements soient mieux acceptés. Dans ce domaine, le Québec a été avant-gardiste sur le reste de l'Amérique du Nord où beaucoup de chirurgiens anglophones et surtout de chirurgiens américains ont avancé à reculons. J'en connais plusieurs qui se sont mis aux traitements non mutilants non pas par conviction mais plutôt par peur de perdre des patientes! L'exérèse locale élargie de la tumeur cancéreuse avec un ou deux centimètres de marge de tissu sain au pourtour (51), tout en préservant le sein, donnait de bons résultats ce qui m'inspirait et m'encourageait à poursuivre dans le même sens en dépit des critiques. Il y a vingt-cinq ans et plus, je pratiquais ce type de chirurgie non mutilante seulement pour les petites tumeurs de moins de 3 cm de diamètre, loin du mamelon et associées à une peau normale (sans envahissement, sans œdème ni érythème). Ces interventions chirurgicales économes étaient suivies de radiothérapie sur le sein, excepté dans le cas de petites tumeurs chez les patientes postménopausées et particulièrement chez les femmes âgées de soixante ans et plus. De nos jours, nos indications pour préserver les seins sont beaucoup plus libérales et incluent les tumeurs de 4, 5, 7 cm de diamètre car la chimiothérapie préopératoire permet de réduire le volume de la tumeur (8,66). En moins de trente ans, nous sommes passés de la mastectomie radicale pour toutes les femmes présentant un cancer du sein, à un traitement, qui dans la majorité des cas peut préserver le sein et ce, tout en n'affectant pas les survies. Ce changement radical est dû à plusieurs facteurs :

1) l'entêtement de quelques pionniers en chirurgie doués d'esprit critique et outrés de l'attitude excessive et dure qui prévalait dans certains milieux très conservateurs du monde médical. Ces

novateurs ont contesté la triste et célèbre phrase :
« Écoutez-moi madame, c'est votre sein ou votre
vie, qu'est-ce que vous choisissez ? » Il s'agissait
d'un faux dilemme, émanant de dogmes non
fondés, mais perpétués de génération en génération de chirurgiens. Encore une fois, c'est l'histoire de l'homme qui a un marteau dans la main :
il voit des clous partout... De nos jours, on enlève
de moins en moins de seins de manière inconsi-
dérée et intempestive.

2) Le désir des femmes de conserver leurs seins,
s'est souvent exprimé directement lors des consultations auprès de chirurgiens ouverts aux nouvelles idées. Plusieurs de mes confrères
chirurgiens me reprochaient d'accepter de voir
ces patientes obstinées qui ne voulaient pas perdre leur sein, et de jouer leur jeu par sensiblerie
mal placée ! Lorsqu'à plusieurs reprises, surtout
en 1970, 1971, j'essayais de dire à ces pauvres
patientes d'aller consulter ailleurs, elles avaient
vite fait de me rétorquer : « mais, j'ai déjà vu un
autre spécialiste » et me sortaient les noms des
plus grands chirurgiens de l'époque. De peur
qu'elles ne tombent entre les mains de « guéris-
seurs », je les ai traitées à l'aide d'une chirurgie
économe avec des résultats de survie identiques à
ceux de la mastectomie radicale modifiée, mais
sans la mutilation. Je reçois encore des vœux de
Noël et du Jour de l'An de certaines de mes premières patientes même si elles n'habitent plus
dans la région où j'exerce...

En outre, devant le spectre de la mastectomie radicale, de nombreuses femmes n'osaient pas en parler
à leurs médecins et attendaient que la masse soit
beaucoup plus importante avant de se résigner à

consulter (phénomène de négation). Le cancer avait malheureusement pris beaucoup d'expansion dans le sein et probablement dans tout l'organisme sous forme de micrométastases.

Pourtant les femmes atteintes de cette «maudite maladie» ne meurent vraiment pas de leur tumeur primitive, mais bel et bien de leurs métastases à distance. En effet, le cancer peut utiliser les vaisseaux sanguins pour se propager dans tout l'organisme et former des métastases à distance avant de s'étendre localement. Il le fera d'autant plus facilement si la masse tumorale est volumineuse, si les ganglions sont envahis et si le grade (degré de différenciation d'avec les cellules normales) est élevé. D'où l'importance des traitements systémiques de chimiothérapie et d'hormonothérapie. S'acharner à enlever le sein revient à détruire un organe qui n'est pas responsable du pronostic. La possibilité technique de préserver le sein dans un cas donné dépend de l'attitude du chirurgien traitant (64). S'il part du principe que le sein doit être enlevé, les chances sont très fortes pour qu'une mastectomie soit pratiquée. Même face à des patientes plus âgées, le chirurgien ou le thérapeute doit respecter leur droit à conserver leur sein surtout quand on sait pertinemment que l'ablation totale n'ajoute rien aux chances de survie. J'ai déjà eu l'occasion d'observer une jeune résidente sur le point d'être diplômée en chirurgie, tenter de convaincre une patiente de soixante ans d'accepter une mastectomie totale en lui affirmant: «Et puis, à votre âge, cela n'a plus tellement d'importance...». Il est facile à trente ans de décider qu'à soixante, les seins n'ont plus la même valeur. Le chirurgien doit être convaincu de l'inutilité de la mastectomie totale dans la majorité des cas et se familiariser avec les techniques chirurgicales non mutilantes. Certains chirurgiens sont d'autant plus fiers d'eux-mêmes que la pièce chirurgicale réséquée est volumineuse, comme s'il s'agissait d'un vulgaire trophée de chasse! Il y a pourtant beaucoup plus de difficultés techniques, de défi chirurgical et de gratifications à enlever une tumeur du sein, sans amputer le sein ni le déformer. Le passage de la mastectomie radicale modifiée à l'exérèse locale élargie ou tumorectomie ne s'est pas fait sans la réticence de nombreux chirurgiens conventionnels.

Le chirurgien, qui pendant dix ou quinze ans n'a connu ou pratiqué que la mastectomie radicale modifiée, peut se sentir inconfortable avec ce type de chirurgie conservatrice, n'ayant pas reçu la formation nécessaire à sa pratique. Il devra tout de même se rendre compte que les raisons justifiant la mastectomie totale sont de plus en plus exceptionnelles. Les femmes méritent certainement mieux que ce qu'elles subissaient ordinairement, au tout début des années 60, quand j'ai commencé ma propre pratique chirurgicale. Dans le monde des affaires, on procède souvent par analyse coût/bénéfice. La femme qui, selon l'expression «donne son sein à la chirurgie», n'est-elle pas en droit de connaître les avantages qu'elle peut espérer de ce sacrifice? Est-ce que la mastectomie totale augmente ne serait-ce que de 3% ou 5% les chances de guérison? La réponse est non, alors à quoi bon? Avant d'accepter une mastectomie totale ou radicale modifiée, il est bon d'y penser à deux fois. Il est évident que l'on peut survivre de nombreuses années après le traitement chirurgical du cancer du sein avec ou sans mastectomie totale. J'ai des centaines de patientes chez lesquelles j'ai préservé le sein, il y a vingt ans et plus, et qui se portent encore très bien. Par ailleurs, j'en ai observé beaucoup d'autres qui sont décédées de leur cancer du sein après et en dépit d'une mastectomie radicale. Certes, certains chirurgiens se sentaient (ou se sentent encore) plus confiants en utilisant la mastectomie radicale ou radicale modifiée. Si la tumeur métastasiait à distance et que la malade mourait, ils avaient le sentiment d'avoir fait le maximum..., et en dépit du traitement, le cancer était réapparu. Par contre, un chirurgien qui pratiquait une tumorectomie, si la patiente allait bien, n'était pas inquiété... Mais, si elle récidivait ou mourait, ses collègues ou des représentants officiels de la médecine traditionnaliste, voire des avocats, avaient vite fait de le blâmer et l'accuser de ne pas avoir fait le maximum et d'avoir omis le traitement officiellement reconnu! Ce faux raisonnement a beaucoup retardé l'évolution des traitements non mutilants, comme quoi les dogmes sont sclérosants!

Le protocole B-06 du NSABP (National Surgical Adjuvant Breast Project)

Comme il y avait encore beaucoup de controverses, parfois acerbes, autour de la question des tumorectomies par rapport aux mastectomies, les Américains ont décidé de mener une étude scientifique pour prouver ou nier la valeur scientifique de la nouvelle forme de traitement. Probablement à cause des nombreuses patientes que je traite et de ma grande expérience dans ce domaine, j'ai été invité à me joindre à cette étude et j'ai cru bon d'y participer pleinement, dans le but de faire avancer le bien-fondé des traitements non mutilants. De 1976 à 1984, des chirurgiens montréalais ont joué un rôle de premier plan dans cette étude internationale portant sur la tumorectomie. Plusieurs hôpitaux du Québec ont beaucoup contribué à cette recherche. Cette étude, dirigée par le docteur Bernard Fisher de l'Université de Pittsburgh, a été conduite sous l'égide du National Surgical Adjuvant Breast Project (NSABP) financée par le U.S. National Cancer Institute et l'American Cancer Society. Entre 1976 et 1984, 1 854 patientes en Amérique du Nord furent enrôlées dans cette recherche. L'Hôpital Saint-Luc a contribué le plus, et de beaucoup, au recrutement de ces patientes, soit 354. L'étude demandait que l'on traite les malades consentantes, par segmentectomie ou tumorectomie, (technique par laquelle on enlève la tumeur avec une marge de tissu sain au pourtour), avec dissection des ganglions de l'aisselle. Un groupe de patientes traitées par tumorectomie recevait en période postopératoire une radiothérapie de 5000 cGy alors qu'un autre groupe de patientes également traitées par tumorectomie n'en recevait pas. Ces deux groupes étaient comparés à un troisième groupe de patientes qui, elles, étaient traitées par mastectomie totale avec dissection de l'aisselle, (équivalent de la mastectomie radicale modifiée). Si un ou plusieurs ganglions s'avéraient positifs, c'est-à-dire envahis, une chimiothérapie de 2 ans était administrée; cette mesure s'appliquait pour chacun de ces trois groupes de patientes.

L'étude, connue sous le nom de: «Protocole B-06 du NSABP» (24,25) a clairement démontré plusieurs choses. En ce qui concerne les guérisons, les résultats de survie chez les patientes traitées par tumorectomie sont les mêmes que ceux obtenus chez les patientes traitées par mastectomie totale. Par contre, les récidives locales ont été plus nombreuses dans le groupe des tumorectomies qui n'avait pas reçu de radiothérapie postopératoire. Fait remarquable, les patientes traitées par tumorectomie suivie de radiothérapie n'ont pas vraiment présenté plus de rechutes que celles traitées par mastectomies totales. A noter également que la chimiothérapie diminue aussi les récidives locales; d'où l'importance des traitements combinés. Cependant, les survies sont demeurées les mêmes dans les trois groupes avec de bons résultats esthétiques dans la majorité des cas chez celles qui avaient bénéficié d'une tumorectomie. Pour diminuer les récidives locales, la radiothérapie postopératoire est maintenant presque toujours utilisée lorsque le sein est préservé. Par contre pour les petites tumeurs malignes, bien circonscrites avec récepteurs hormonaux positifs, chez les patientes de soixante ans et plus, je ne pense pas que la radiothérapie soit absolument nécessaire surtout si ces patientes reçoivent du tamoxifène. L'école de Veronesi à Milan en Italie pense et agit selon les mêmes concepts. Avec le recul des années, j'ai l'impression que les chirurgiens du Québec et surtout ceux de Montréal ont joué le rôle de troupes de choc pour cette grande entreprise historique, qui a surtout servi à redorer le blason de l'école d'oncologie chirurgicale américaine, bien trop identifiée à travers le monde comme étant le bastion de la chirurgie radicale du cancer.

Les choix chirurgicaux:

Compte tenu des progrès contemporains en chimiothérapie et en hormonothérapie, le premier choix thérapeutique tendra à devenir celui de ne pas avoir recours à la chirurgie. Dans des cas bien précis, avec les agents chimiothérapeutiques et hormonothérapeutiques actuels, utilisés de plus en plus en première ligne d'attaque, couplés à la radiothérapie cancéricide en deuxième ligne, certaines tumeurs cancéreuses «fondent» complètement et rendent toute chirurgie inutile (42,43). Lorsque la tumeur ne disparaît pas complètement, nous optons pour une tumorectomie suivie de radiothérapie, de chimiothérapie de consolidation et d'hormonothérapie à longue échéance (tamoxifène) (66). Si finalement, la tumeur dépasse 5 cm de diamètre et n'a pas diminué après une chimiothérapie néoadjuvante ou préopératoire, et en particulier si elle est située près de l'aréole ou du mamelon, il faut alors nous résoudre à une mastectomie radicale modifiée. Fort heureusement, ces situations sont de moins en moins fréquentes. Il faut aussi mentionner que dans les cas de seins préservés, même avec radiothérapie, on observe environ 8% à 10% de récidives locales dans les 5 à 15 ans qui suivent le traitement initial. Ces rechutes peuvent nécessiter une mastectomie totale dite «de rattrapage», mais pas dans tous les cas. Si la tumeur récidivante est petite et bien localisée, il est encore possible de refaire une tumorectomie et préserver le sein à nouveau.

La chirurgie esthétique moderne peut venir en aide à celles qui ont dû subir une mastectomie radicale modifiée.

Les ganglions de l'aisselle :

S'il est facile de comprendre l'importance de procéder à une tumorectomie, disséquer les ganglions de l'aisselle semble plus discutable (11). Jadis, certains chirurgiens et radiothérapeutes pensaient que les ganglions envahis pouvaient être une source d'essaimage pour les micrométastases à distance. Aujourd'hui, nous croyons beaucoup moins à cette hypothèse. Si ces ganglions ne sont pas responsables de la dissémination du cancer, alors pourquoi les extirper? En fait, ils constituent une sorte de miroir du cancer dans l'organisme. Nous prélevions les ganglions pour avoir une idée de l'agressivité du cancer de la patiente ou de la faiblesse des mécanismes de défense de l'hôte, c'est-à-dire de la stadification ou «staging» (détermination du stade d'évolution du cancer). Par exemple, si aucun ganglion ne contient de cellules cancéreuses, cela veut dire qu'il y a moins de possibilités d'avoir des micrométastases à distance. A l'inverse, si plusieurs ganglions sont atteints, c'est probablement une indication que le cancer est plus agressif, et que l'organisme n'a pu prévenir un certain essaimage à distance. Ce cancer risque davantage d'être généralisé, d'où l'importance de le traiter par chimiothérapie et même par une chimiothérapie (8,22) plus intensive (28,29) ou plus longue. Cette observation nous permet dans une certaine mesure, à partir du décompte des ganglions envahis, d'établir un certain pronostic de survie. Dans le jargon médical nous disons ganglions «positifs» plutôt qu'envahis. Le nombre et l'état des ganglions positifs a été longtemps, pendant les années 70 et 80, un outil indispensable pour orienter les traitements subséquents. De nos jours, on attache moins d'importance à la dissection de l'aisselle pour orienter les traitements, car la chimiothérapie et l'hormonothérapie adjuvantes sont administrées de plus en plus, même à des patientes qui n'ont pas de ganglions axillaires positifs De plus, la chimiothérapie préopératoire ou primaire modifie l'approche thérapeutique (8). Il faut alors se fier à d'autres critères d'agressivité tumorale comme le volume de la tumeur, son degré de différenciation (grade nucléaire), les récepteurs hormonaux, l'âge de la patiente, certains marqueurs biologiques obtenus par la cytoponction, le test du Ki 67, (test efficace pour mesurer la prolifération cellulaire, analogue à celui de la thymidine tritiée, la cytométrie de flux, etc.)

Nous pratiquons moins de dissection de l'aisselle de routine, en particulier pour les petites tumeurs sans ganglions cliniquement suspects. Pour les cancers non envahissants, nous ne la faisons plus depuis longtemps. Les indications des dissections de l'aisselle, tout comme celles des mastectomies totales continueront à décroître. Lorsque la dissection de l'aisselle est faite sans essayer de prélever les ganglions, situés très haut, elle ne devrait donner que rarement des complications. Même si le curage axillaire n'améliore pas en lui-même la survie, il permet un bon contrôle de la maladie locale dans l'aisselle. Nous l'utilisons encore pour les tumeurs plus grosses, ou lorsqu'il existe des ganglions palpables dans l'aisselle. On y a recours surtout si les patientes ont déjà été traitées par chimiothérapie et que leurs ganglions sont encore palpables...ou lorsque les autres paramètres d'agressivité tumorale sont équivoques et que nous avons besoin de cette information supplémentaire pour décider du traitement global de la patiente. En absence de dissection de l'aisselle, on peut, en accord avec le radiothérapeute, demander que la base de l'aisselle et le sein opéré soient irradiés simultanément. L'exérèse d'un ganglion récidivant, le cas échéant, demeure toujours possible sans affecter la survie.

Récapitulatif:

Les messagers de malheur envers les tumorectomies se sont trompés. Ce traitement n'a pas été un feu de paille, suivi de catastrophe. Du point de vue chirurgical, la philosophie de base dans le traitement du cancer du sein doit être de minimiser l'opération ou même parfois, de s'en abstenir (40,41,42) chez les jeunes femmes qui répondent complètement à la chimiothérapie, ou à l'hormonothérapie chez les patientes plus âgées (1,9). Autant que possible, le sein est préservé grâce à une chirurgie économe appelée: «tumorectomie» ou «exérèse locale élargie». Il s'agit d'une chirurgie sélective qui enlève la tumeur avec une marge de tissu sain au pourtour. Durant cette opération, l'intégrité des marges est documentée par des prélèvements de tissus sains effectués de préférence aux 4 points cardinaux du champ opératoire, plutôt que sur le spécimen chirurgical. Il s'agit de s'assurer que d'autres foyers cancéreux ne soient pas laissés dans le sein. La dissection basse des ganglions de l'aisselle, ou un bon échantillonnage des ganglions, peut, si nécessaire, s'ajouter à l'intervention. Lorsqu'une exérèse locale (ou tumorectomie) n'est pas possible en raison des dimensions ou de la position de la tumeur, une mastectomie radicale modifiée s'impose. Fort heureusement ces cas deviennent exceptionnels, car une autre solution s'avère plus efficace. Elle consiste à commencer les traitements par une chimiothérapie qui, dans 80% des cas, réduit la tumeur d'au moins la moitié et permet ensuite une chirurgie non mutilante suivie de radiothérapie loco-régionale. Bientôt, ce sera aux chirurgiens qui pratiquent encore des mastectomies totales inappropriées d'avoir à se justifier.

Depuis le milieu des années 1980, avec l'utilisation de la chimiothérapie en première ligne, de nouvelles données nous orientent vers une diminution de l'acte chirurgical. La prépondérance et l'efficacité des traitements systémiques dans le cancer du sein font changer l'ordre des traitements: chimiothérapie (chez les plus jeunes) et antihormonothérapie (chez les patientes âgées) seront administrées de plus en plus souvent en première ligne. A valeur égale, il est important pour le spécialiste de prendre en considération ce que la patiente pense et l'encourager à participer au choix et à la planification des traitements. Elle comprend alors que l'intervention et le plan de traitements sont les plus convenables pour elle. Même si pour y arriver le processus peut se révéler quelque peu laborieux, il mérite d'être tenté. La consultante doit se sentir satisfaite et éclairée des explications qui lui sont fournies sinon elle doit chercher davantage d'informations afin de trouver les traitements les plus modernes possibles et les renseignements appropriés. Dans ce domaine comme dans bien d'autres, l'ignorance coûte cher.

Grâce aux améliorations en chimiothérapie et en radiothérapie, je prévois le jour, avant l'an 2000, où l'on pourra même se passer de plus en plus souvent de toute intervention chirurgicale dans le traitement de certains cancers du sein.

«En ce qui concerne le traitement chirurgical des cancers du sein, plus n'est pas toujours mieux».

Roger Poisson, 1973

«Il n'y a pas de petites chirurgies, seulement de petits chirurgiens»

Anonyme

Chapitre 9

La chimiothérapie

> «*Aux grands maux, les grands remèdes*»
>
> Hippocrate

En oncologie, le mot chimiothérapie signifie le traitement des tumeurs cancéreuses par des produits chimiques. Les toutes premières utilisations de la chimiothérapie dans le traitement du cancer du sein n'offraient qu'une efficacité relative. En effet, dans les années 50 ou 60, la chimiothérapie n'était utilisée qu'en phase avancée de la maladie, sous forme palliative. Ses chances de succès étaient donc pratiquement nulles. Nous l'avons vu, plus le cancer est généralisé, plus nombreuses sont les cellules cancéreuses à détruire avec des chances de succès d'autant plus faibles. D'où l'idée fausse, que tout traitement à la chimiothérapie, témoigne d'une maladie avancée et qu'il est probablement déjà trop tard pour sauver le malade. Ces préjugés demeurent fréquents aujourd'hui. Pour saisir le bien-fondé de la chimiothérapie, même en phase précoce de la maladie, il est bon de préciser certaines notions modernes sur ces traitements.

L'essaimage précoce des cellules cancéreuses:

Les micrométastases, qui constituent ce que l'on peut appeler «la maladie invisible» des cancers, surviennent plus fréquemment et plus précocement qu'on ne le croyait autrefois. Même dans les cas où les ganglions axillaires sont négatifs, 30% à 35% des patientes développeront des métastases avec récidives éventuelles ou décéderont de leur cancer au bout de dix ans. La situation est souvent plus grave, pour celles dont les ganglions sont positifs, surtout si elles ne sont pas traitées par chimiothérapie (ou hormonothérapie pour les plus âgées). En effet, nos connaissances sur la biologie du cancer du sein ont bien évolué et ont démontré la pertinence d'une utilisation plus précoce de la chimiothérapie (7,8). Elle est d'usage courant même si aucune métastase évidente n'a été décelée aux examens habituels et ce, même pour bien des patientes chez qui les ganglions sont négatifs (27), sauf si la tumeur est très petite ou relativement petite mais très bien différenciée, c'est à dire à bon pronostic.

Comment agit la chimiothérapie:

La chimiothérapie vise à la destruction des cellules cancéreuses peu importe où elles se trouvent. Pour comprendre comment fonctionne la chimiothérapie, nous devons aller un peu plus loin dans la compréhension de la physiologie cellulaire (fonctionnement de la cellule). En fait, chaque cellule qu'on peut comparer à une usine extrêmement complexe, se compose de trois parties principales: le noyau, le cytoplasme qui est la substance entourant le noyau, et la membrane cytoplasmique qui délimite et enveloppe toute la cellule. Pour empêcher une cellule de se multiplier, c'est à ces trois niveaux (noyau, cytoplasme et membrane) qu'il faut intervenir.

Spécificité des agents cytotoxiques et effets secondaires de la chimiothérapie:

Les agents cytotoxiques peuvent sélectionner les cellules qu'ils vont attaquer, reconnaissant les cellules qui se multiplient plus rapidement que les autres, et parmi elles, les cellules cancéreuses. Mais d'autres cellules saines seront touchées «involontairement» par les agents cytotoxiques en raison de leur reproduction rapide: il s'agit surtout des cellules recouvrant l'intérieur du tube digestif, des cellules des follicules pileux de la peau (qui donnent naissance aux cheveux), des cellules de la mœlle osseuse (qui produisent les cellules sanguines), etc. Ceci explique les effets secondaires indésirables dus à la chimiothérapie: perte de cheveux, nausées, vomissements, fatigue et baisse importante du nombre de globules blancs et des plaquettes du sang, ce qui augmente les risques d'infection et de saignement. Heureusement, les facteurs de croissance hématopoïétiques (cytokines) commencent à venir à la rescousse pour stimuler la mœlle osseuse, comme le neupogen par exemple.

Deux de ces effets secondaires sont plus particulièrement déplaisants. L'un d'eux est la perte des cheveux, souvent totale. C'est là cependant une situation temporaire, bien que cela soit une faible consolation, tous les cheveux et poils repoussent une fois les traitements terminés. L'emploi d'un casque protecteur réfrigérant peut limiter la perte de cheveux dans certains cas, pour des chimiothérapies pas trop fortes. Par contre, l'autre effet secondaire, à

savoir de fortes nausées accompagnées de vomissements a été réduit de beaucoup ces dernières années
grâce à l'utilisation optimale de médicaments anti-
nauséeux et à l'apparition de produits beaucoup plus
efficaces comme ceux de la classe des anti-HT3,
ondansetron (zofran), le dolasetron, le granisetron,
etc. Rappelons-le, la plupart des effets secondaires
sont heureusement temporaires et disparaissent une
fois la chimiothérapie terminée. Précisons aussi
qu'en dépit de certains effets secondaires et contrairement à l'opinion de beaucoup de gens y compris de certains médecins, en règle générale, la qualité de vie des patientes est souvent améliorée après
avoir reçu de la chimiothérapie. Cela concerne
évidemment les cas de chimiothérapie adjuvante qui
seront guéris de leur cancer, mais aussi ceux qui,
malheureusement évolueront vers les stades IV avec
métastases à distance. Du point de vue palliatif, la
chimiothérapie peut les soulager plus souvent qu'on
le pense. Si les effets secondaires de la chimiothérapie sont souvent sévères, les effets secondaires
d'un cancer non contrôlé sont pires...

Description du traitement de chimiothérapie :

Depuis les premières applications de la chimiothérapie chez l'humain, vers la fin des années 40,
plusieurs classes d'agents cytotoxiques ont été éva-
luées dans le traitement du cancer du sein. La liste
des médicaments anticancéreux et chimiothérapeutiques s'allonge constamment. Chacun de ces
médicaments offre, selon le type et le stade du cancer, un rendement variant de «satisfaisant» à «très
satisfaisant».

Ces combinaisons, appelées des régimes ou protocoles, sont habituellement désignées par les premières lettres des médicaments. Par exemple, le protocole CMF signifie que l'on administre de la cyclophosphamide, du méthotrexate et du 5-fluorouracil. La chimiothérapie est donnée selon la surface corporelle laquelle dépend de la taille et du poids de la patiente. Les régimes ou protocoles ont été conçus dans le but de détruire les cellules cancéreuses le plus efficacement possible selon le type de cancer en cause et la potentialisation de ces médicaments entre eux. De plus, les posologies (doses) de ces traitements chimiothérapeutiques ont été prévues, calculées et individualisées afin de réduire les effets secondaires sans diminuer l'efficacité. Par exemple, l'adriamycine (le liquide rouge) est administré toutes les trois semaines par injections intraveineuses et se combine bien avec un autre médicament nommé cyclophosphamide (Protocole AC). Ces deux médicaments sont synergiques. Si l'utilité d'une combinaison de deux ou trois médicaments anticancéreux a été prouvée par la recherche, un autre facteur a également été mis en lumière : l'ordre, la séquence et le temps d'administration de ces chimiothérapies. Nous avons vu au début de ce chapitre que la chimiothérapie peut agir à trois niveaux cellulaires : le noyau, le cytoplasme et la membrane. Souvent, un de ces niveaux doit être attaqué avant que le deuxième puisse l'être de façon efficace, un peu comme la porte doit être déverrouillée avant qu'on puisse tourner la poignée pour l'ouvrir.

Si, en ce qui concerne le type de médicaments à offrir, la responsabilité revient aux spécialistes, le respect de l'horaire d'administration des médicaments repose entièrement sur la patiente. Le spécialiste aura déterminé les médicaments et un horaire précis à l'intérieur duquel ils devront être administrés pour obtenir une efficacité optimale. Il incombera à la patiente, même si cela n'est pas toujours facile, de respecter cet horaire. Connaissant maintenant la raison et le bien-fondé de ces horaires, de même que l'ennemi à combattre, c'est en utilisant toute votre énergie ainsi que votre pensée positive, que vous pourrez plus facilement respecter strictement vos traitements. Aussi est-ce en respectant l'horaire de vos traitements, que vous suivrez la séquence biologique d'action de vos médicaments; ils arriveront là où ils doivent être, dans l'ordre et au bon moment d'où découle votre objectif: un maximum d'efficacité.

J'ai connu une patiente qui, aux premiers traitements, souffrait de nausées avant même de recevoir sa chimiothérapie! Elle craignait les traitements et sautait plusieurs rendez-vous. Par la suite, avec le soutien de son entourage et un meilleur contrôle des nausées, elle a mieux accepté et toléré ses traitements et a pu franchir tous ses cycles de chimiothérapie... Dix ans plus tard, bien contrôlée, elle en retire encore les effets favorables, malgré un pronostic initial plutôt sombre (douze ganglions positifs).

La chimiothérapie moderne s'administre à plus fortes doses, mais sur une plus courte durée (4, 6 ou 9 mois plutôt que 2 ans), afin que le cancer ait moins de chances de développer une résistance aux médicaments anticancéreux (29). Dans une certaine mesure, la réponse est proportionnelle à la dose administrée, c'est-à-dire que plus les doses sont fortes, plus les rémissions complètes sont nombreuses, mais avec malheureusement plus de toxicité. Les nouveaux antinauséeux se révèlent fort utiles, de même que les antibiotiques et les nouveaux facteurs de stimulation des colonies de granulocytes et de macrophages (GM-CSF) ou le (G-CSF) comme le neupogen, qui ont pour propriétés principales de stimuler la régénération et la prolifération des cellules souches de la mœlle osseuse. Ces substances produites surtout par les macrophages et les lymphocytes activés sont regroupées sous l'appellation de cytokines. Il n'en demeure pas moins que la chimiothérapie constitue une épreuve difficile pour les patientes. Bientôt, d'autres moyens, combinés à la chimiothérapie ordinaire, arriveront à la rescousse sans augmenter la toxicité des traitements. Il s'agira probablement de certains anti-facteurs de croissance tumoraux, combinés à des chimiothérapies fort supportables et peut-être associées à des modulateurs de la réponse biologique, comme les Interleukines, les «tumour infiltrating lymphocytes (TIL)», l'interféron et les rétinoïdes, etc. À l'heure actuelle, l'emploi de cytokines diminue la dépression de la mœlle osseuse causée par la chimiothérapie, donc, les complications infectieuses. Certains agents tels que l'érythropoïétine diminuent les complications bien connues de l'anémie.

Qui doit recevoir une chimiothérapie?

Il y a 25 ou 30 ans, la chimiothérapie n'était administrée qu'à des patientes atteintes de cancer du sein avancé et inopérable. C'est vers 1972-1974, que la chimiothérapie adjuvante, après l'opération, fut préconisée pour des patientes avec un ou plusieurs ganglions axillaires positifs, car on croyait qu'elles étaient les seules à être vraiment à hauts risques de récidives. Cette chimiothérapie adjuvante est administrée peu de temps après l'opération, même s'il n'y a pas de métastases évidentes à distance. Cette modalité thérapeutique systémique assure des survies accrues de l'ordre de 10% à 20% selon les sous-groupes (7,18,28,29).

Dans certains cas, si les ganglions sont négatifs et que la tumeur mesure de un à deux centimètres de diamètre, avec des cellules tumorales bien différenciées, grades I ou II, c'est-à-dire presque analogues à du tissu normal, on peut s'en abstenir si d'autres conditions existent. Ainsi, un autre test cellulaire équivalent au TLI (mots anglais signifiant Thimidine Labelling Index) que nous effectuons de routine au laboratoire de pathologie de Saint-Luc et que l'on appelle le test Ki-67, est un bon indice ou marqueur de la prolifération cellulaire. Si ce test aux anticorps monoclonaux est fortement positif, la chimiothérapie sera alors plus efficace et davantage indiquée. Inversement, si ce test est faible, la chimiothérapie pourrait être d'une moindre efficacité. Parmi les autres facteurs à considérer: présence de récepteurs hormonaux positifs, et grades histologique et nucléaire faibles, chez des patientes assez âgées, on optera alors plutôt pour un traitement d'hormonothérapie aux antiœstrogènes (26) (tamoxifène, nolvadex). Par contre, en présence de ganglions négatifs, mais avec cellules tumorales indifférenciées (grade élevé), récepteurs hormonaux négatifs, Ki-67 positif et phase S élevée (courbe de croissance rapide), une chimiothérapie adjuvante s'impose. Il importe aussi de bien connaître la taille de la tumeur, l'âge de la patiente, et autant que faire se peut, l'état des ganglions axillaires. Si la tumeur mesure moins de 1 cm de diamètre, on se passe de chimiothérapie. Pour les tumeurs de plus de 1 cm de diamètre, il est préférable d'utiliser la chimiothérapie (à moins de contre-indication) même chez les post-ménopausées. Chez les patientes âgées (1,9) de plus de 70 ans, l'hormonothérapie seule peut être tentée en première ligne. D'où réside toute l'importance de l'information aux personnes atteintes. À valeur égale, vous êtes en droit d'exprimer vos préférences pour les traitements les moins mutilants et les plus efficaces à court et à long terme. Il est important de dialoguer et de bien communiquer avec votre médecin, surtout si vous avez besoin d'explications supplémentaires, ainsi qu'avec les infirmières en oncologie qui vous surveilleront attentivement pendant les traitements.

La chimiothérapie est également très utilisée dans le cas de rechutes du cancer du sein. Bien qu'alors elle ait moins de chances d'augmenter les survies et de guérir les patientes, elle apporte néanmoins une palliation certaine, en faisant souvent régresser le cancer, améliorant ainsi la qualité de vie de ces patientes. Même si le cancer n'est pas guéri, elles peuvent vivre confortablement pendant plusieurs années avec les traitements appropriés.

En oncologie, on effectue souvent de la recherche clinique, sur de nouveaux médicaments ou de nouvelles combinaisons de médicaments, à des doses différentes, souvent en escalade. C'est ce qu'on appelle les «essais cliniques» ou «protocoles de recherche». On peut vous demander d'y participer volontairement en vous expliquant le but du protocole, ses avantages et certains risques. Souvent les risques sont décrits en grand détail ce qui peut effrayer les patientes. Il vaut mieux communiquer clairement avec l'équipe traitante et garder un esprit ouvert. Vous profiterez, soit du traitement standard, soit d'un nouveau traitement équivalent ou peut-être meilleur... Il vous appartient de choisir d'y participer alors que vous êtes à la fois bien informée et confiante dans l'utilité de l'expérience, tout en faisant progresser la science.

Quand administrer la chimiothérapie ?

La réponse actuelle à cette question est très simple : le plus tôt possible après le diagnostic. Il n'existe pas de raison valable de retarder la chimiothérapie, même si aucune métastase n'a été décelée. En général, elle est utilisée deux à trois semaines après la chirurgie et est courante, à moins que la tumeur soit petite. C'est ce qu'on appelle «chimiothérapie adjuvante» complétant les traitements locaux. Une intervention rapide offre tous les avantages. Dans le cas de tumeurs volumineuses, elle est même souvent administrée avant l'opération (8,37,66,68). Nous pouvons ainsi éliminer ou, le plus souvent, réduire la taille des masses cancéreuses dans le sein et traiter en même temps les cellules cancéreuses qui ont pu se propager (micrométastases) à distance. C'est aussi vrai pour les cellules malignes dans le sein que pour les micrométastases à distance. Supposons que des cellules cancéreuses du sein aient déjà migré dans le foie. Si nous suivions l'ordre classique d'intervention soit chirurgie du sein, radiothérapie, puis chimiothérapie, ces cellules cancéreuses seraient laissées à elles-mêmes, sans traitement, avec toutes les possibilités de multiplication pendant deux ou trois mois (durée de chirurgie et de radiothérapie) avant que la chimiothérapie ne vienne les attaquer. Si par contre, nous intervenons d'abord par chimiothérapie, ces cellules migratrices sont immédiatement assaillies dans tout l'organisme, avant de pouvoir se multiplier d'avantage. La chimiothérapie peut offrir cette action à distance. Les médicaments de chimiothérapie vont «reconnaître» les cellules cancéreuses dans tout l'organisme et essayer de les détruire, même s'ils n'y parviennent pas toujours. De plus, elle offre une action locale importante. Nous avons eu l'occasion à de multiples reprises de constater des régressions complètes de tumeurs du sein de 5, 8 ou 10 centimètres et ce, sans aucune intervention chirurgicale. Les traitements de chimiothérapie et d'hormonothérapie primaires suivis par un traitement chirurgical économe et par une radiothérapie appropriée, donnent de meilleurs résultats que les traitements locaux tels que la chirurgie radicale seule ou la radiothérapie cancéricide seule. Il reste qu'en général, la séquence des traitements la plus utilisée en 1997, est encore la chimiothérapie adjuvante, c'est-à-dire celle qui est administrée juste après la chirurgie. Le mot adjuvant veut dire «qui complète» la chirurgie. A-t-on avantage à donner la chimiothérapie avant ou après la chirurgie? Plusieurs études comparatives de ces deux options ont présentement cours et les premiers résultats devraient être publiés d'ici peu. Selon mon expérience, je pense que la chimiothérapie de première ligne offre un grand potentiel surtout dans le cas de grosses tumeurs. Elle permet de réduire le volume tumoral, de diminuer la nécessité de recourir aux mastectomies totales et semble aussi diminuer les récidives locales dans les seins préservés. Cependant, notre expérience ne prouve pas que la survie soit vraiment plus longue, que la chimiothérapie soit administrée avant ou après la chirurgie, probablement à cause des phénomènes de résistance aux médicaments.

La chimiothérapie primaire est particulièrement utile dans le cas de tumeurs malignes à croissance rapide, entre autres celles présentant ce que l'on appelle des caractères inflammatoires comme le cancer aigu du sein ou des cancers à potentiel évolutif rapide. Quand on constate l'impact énorme de la chimiothérapie sur la tumeur du sein, on ne peut s'empêcher de songer à l'effet de cette même chimiothérapie sur les micrométastases à distance, d'autant plus que les traitements systémiques s'améliorent.

Les résultats de la chimiothérapie primaire sont souvent spectaculaires. Elle diminue le volume tumoral de moitié, dans au moins 50% des cas, facilitant une chirurgie plus économe et par conséquent moins mutilante. Dans un 30% des autres cas, nous obtenons une rémission clinique complète, c'est-à-dire qu'il n'y a plus rien de palpable. Une radiothérapie peut alors être utilisée en deuxième ligne, évitant ainsi toute intervention chirurgicale (41), surtout si la mammographie prise en fin de chimiothérapie est, elle aussi, redevenue normale. Le moindre doute justifie des biopsies à l'aiguille confirmant ou non la disparition complète de la tumeur. Dans l'hypothèse où la tumeur est encore présente, alors, une tumorectomie ou, plus rarement, une mastectomie s'impose.

La chimiothérapie primaire peut aussi diminuer la nécessité des dissections de l'aisselle chez bien des patientes, surtout si cette chimiothérapie s'associe à une radiothérapie sur la base de l'aisselle. Une meilleure connaissance de la biologie du cancer du sein et une expertise clinique fondée sur une coopération internationale (École de C. Jacquillat et D. Khayat de Paris, l'École de Milan avec J. Bonadonna et U. Veronesi) ont permis d'en arriver à ces résultats très encourageants. Une grande étude Nord-Américaine du NSABP, le protocole B-18, est sorti tout dernièrement et corrobore notre expérience personnelle des 10 dernières années. S'il a fallu plus de soixante-quinze ans avant que ne cesse la pratique excessive de la mastectomie radicale de routine, nous osons espérer que ces connaissances modernes sur la chimiothérapie primaire progresseront rapidement dans le monde médical. Les patientes en profiteront largement, en évitant ainsi des opérations mutilantes, des mastectomies inappropriées voir des dissections de l'aisselle beaucoup moins justifiées.

La chimiothérapie est-elle toujours efficace?

Toutes les tumeurs ne répondent pas de la même façon à la chimiothérapie. Bien qu'étant un outil efficace dans la lutte contre le cancer du sein, la chimiothérapie n'offre pas toujours les résultats escomptés. Il n'existe pas de règle absolue nous indiquant le type de tumeur qui répondra plus favorablement à la chimiothérapie. Cliniquement, les patientes préménopausées ont tendance à mieux réagir à la chimiothérapie avec des intervalles de rémission plus longs et des taux de survie améliorés. Par contre, chez les postménopausées, lorsque les récepteurs hormonaux sont fortement positifs, l'hormonothérapie est plus efficace (traitement au tamoxifène). Ces considérations ne sont que des indices. La seule façon de connaître avec certitude l'effet de la chimiothérapie consiste à le vérifier cliniquement sur la tumeur des patientes. De là l'importance d'utiliser la chimiothérapie comme traitement initial, en particulier pour les grosses tumeurs près du mamelon (qui autrement nécessiteraient une mastectomie totale). La réponse de la tumeur sert de marqueur ou de boussole pour déterminer si oui ou non le traitement est efficace, et cela souvent en quelques semaines ou quelques mois. C'est le meilleur test de sensibilité «in vivo» (sur le vivant) que l'on puisse utiliser. Une régression partielle et parfois complète de la tumeur oriente et facilite le choix de la deuxième modalité thérapeutique : la radiothérapie, si la réponse à la chimiothérapie a été excellente, la chirurgie (non mutilante, si possible) si la réponse a été faible ou pas entièrement satisfaisante, suivie de radiothérapie. Mais le meilleur jugement clinique est parfois contredit dans un sens ou dans l'autre par des réponses inattendues à la chimiothérapie après seulement quelques séries de traitements. Dans des cas de plus en plus rares, si la tumeur est volumineuse et qu'elle n'a pas répondu suffisamment aux traitements systémiques, une mastectomie radicale modifiée devient le traitement de choix.

Pourquoi la chimiothérapie n'affiche-t-elle pas toujours la même efficacité ?

Les cellules cancéreuses, pouvant devenir résistantes tôt ou tard aux agents chimiothérapeutiques, représentent un des plus grands problèmes en oncologie. Certaines cellules cancéreuses sont d'emblée résistantes à la chimiothérapie, d'autres ne le sont pas mais, si l'on administre la même chimiothérapie plus longtemps, elles peuvent le devenir. Elles auront développé un mécanisme interne leur permettant d'éliminer vers l'extérieur les agents chimiothérapeutiques à l'aide de protéines comme les p.glycoprotéines. Vous comprenez maintenant pourquoi le cancer doit être combattu sur plusieurs fronts ou sentiers métaboliques : chimiothérapie, hormonothérapie, radiothérapie, biothérapie et si nécessaire chirurgie. Ces différentes modalités se complètent souvent avantageusement et quand l'une des armes ne fonctionne pas ou ne fonctionne plus, on a avantage à en avoir d'autres... Il s'agit en quelque sorte d'utiliser *«La combinaison de toutes les armes pour la victoire»*. La chimiothérapie est-elle capable de détruire la dernière cellule cancéreuse? Pas toujours, malheureusement, et dans certains cas, on doit admettre que ces traitements ne font que ralentir l'évolution de la maladie sans nécessairement augmenter les guérisons permanentes. Dans d'autres cas, elle permet à l'organisme de surmonter son cancer même si la dernière cellule cancéreuse n'a pas été détruite, et ce, parfois, pour bien des années. On espère beaucoup que la chimiothérapie permettra de détruire la très grande partie des cellules cancéreuses, le reste étant éliminé par immuno-modulation naturelle ou à l'aide de différents produits comme l'interleukine, combinée ou non avec du TIL (tumour infiltrating lymphocytes) des cellules T, des LAK cells, ou des vaccins.

Rappel pratique:

La majorité des patientes tolère bien la chimiothérapie. Cette tolérance dépend: du genre de chimiothérapie utilisée, de l'état général de la patiente, de son attitude face aux traitements et aussi de l'utilisation optimale des agents anti-nauséeux. Pendant le traitement, nous recommandons beaucoup de repos, le moins de stress possible et une saine alimentation. Il faut aussi éviter de cotoyer des personnes malades affectées de rhume ou de grippe, etc., et éviter les foules en lieu clos. En cas de poussée de fièvre, 38° C (101° F) ou plus, ne pas hésiter à s'adresser à l'urgence pour subir une prise de sang et éventuellement recevoir des antibiotiques. On trouve une documentation à ce sujet dans les hôpitaux et les infirmières en oncologie peuvent aussi vous conseiller. N'hésitez pas à vous renseigner...

Nouveaux médicaments prometteurs

Au cours des toutes dernières années, de nouveaux agents chimiothérapeutiques plus puissants ont été mis sur le marché comme le Taxol (Paclitaxel) dont le taux de réponses objectives se situe entre 40% et 60% et le Taxotère (Docetaxel) entre 60% et 70%, qu'ils soient donnés seuls ou en combinaison. Ces médicaments appelés Taxanes ouvrent la voie à de nouvelles stratégies thérapeutiques très encourageantes.

Chapitre 10

La radiothérapie

> « *Bien que la radiothérapie et la chirurgie se concurrencent en traitant toutes les deux le cancer localement, lorsque combinées harmonieusement, elles se potentialisent. Le chirurgien enlève la masse tumorale, le radiothérapeute stérilise la maladie microscopique résiduelle de voisinage* ».

Roger Poisson, M.D.

Définition :

La radiothérapie consiste à utiliser des radiations dans le traitement du cancer. C'est la deuxième arme efficace contre le cancer. La radiothérapie agit en ionisant les acides nucléiques (l'ARN et l'ADN) des cellules traitées, c'est-à-dire qu'elle fragilise les molécules des cellules cancéreuses, les tue ou les rend incapables de se multiplier. Elle entraîne une altération des chromosomes, perturbant les divisions cellulaires des tumeurs. Elle peut être utilisée pour plusieurs types de cancer. Dans le cancer du sein, elle agit bien lorsqu'il reste très peu de cellules malignes, soit après une chirurgie adéquate mais non mutilante ou une chimiothérapie primaire qui a fait fondre complètement la tumeur ou presque. Elle diminue les récidives locales et est particulièrement utile lorsqu'on n'a pas procédé à une mastectomie totale. Le terme radiation signifie exposition à des rayons. L'unité de mesure des rayons est le cGy ou centiGray. Ce sont surtout les rayons X et rayons gamma qui sont employés lors des traitements de radiothérapie contre le cancer. En radiothérapie, les doses nécessaires sont des dizaines de milliers de fois supérieures à celles de la radiographie. Une mammographie équivaut à 0,3 cGy (centiGray). Un traitement de radiothérapie peut atteindre les 5 000 cGy ou plus. Dans l'utilisation des rayons X, le facteur primordial est la quantité de rayons utilisés. A faible dose et sous faible fréquence d'exposition, les rayons X sont quasi-inoffensifs et fournissent des images de l'intérieur du corps sous forme de radiographies; employés à dose moyenne ou à fréquence plus élevée, ils peuvent altérer les acides nucléiques qui forment le code des cellules et même engendrer des cancers; finalement à fortes doses et à fréquence élevée, les rayons X vont complètement détruire les acides nucléiques du noyau cellulaire qu'ils atteignent, provoquant ainsi la mort retardée des cellules irradiées. En détruisant les acides nucléiques des cellules cancéreuses, ils empêchent ces cellules de se multiplier et donc de survivre. La radiothérapie peut être utilisée après une opération et en conjonction avec d'autres traitements tels la chimiothérapie et l'hormonothérapie. Cela dépend du type et du stade du cancer à traiter. La radiothérapie agit localement sur la région que l'on irradie, c'est-à-dire que son action se limite à la tumeur et à la région avoisinante de la tumeur irradiée. C'est un traitement loco-régional. Par contre, la chimiothérapie et l'hormonothérapie agissent sur l'ensemble de l'organisme; c'est pourquoi on les qualifie de traitements systémiques. Pour gagner en efficacité, ces deux types de traitements sont essentiels; les traitements systémiques (chimiothérapie, hormonothérapie et immunothérapie) s'attaquent aux métastases à distance ainsi qu'à la tumeur locale (si elle n'a pas été enlevée chirurgicalement) et les traitements loco-régionaux (radiothérapie et chirurgie) concentrent leur action au niveau de la tumeur ou de son ancien site et sa région avoisinante. La radiothérapie peut également être utilisée pour le traitement de certaines métastases osseuses assez bien localisées. Elle va diminuer les douleurs tout en permettant au tissu osseux de se reformer et de se consolider, évitant ainsi la formation de fractures dites pathologiques.

La radiothérapie moderne :

Les appareils modernes que nous utilisons en radiothérapie «de haute énergie» sont essentiellement les appareils au cobalt-60, les Bétatrons et les accélérateurs linéaires. Ces rayonnements plus pénétrants permettent d'administrer en profondeur des doses plus élevées tout en épargnant davantage les tissus sains, d'où une plus grande efficacité et une meilleure tolérance. Une différence importante entre tissu normal et tissu cancéreux réside au niveau de la réparation tissulaire. Les tissus normaux peuvent se réparer plus facilement, ce qui explique que la radiothérapie est administrée d'une façon fractionnée sur des périodes de plusieurs semaines.

Il s'est dessiné, géographiquement parlant, deux approches en radiothérapie, une européenne, plus particulièrement française, et une nord-américaine. En France, on utilise les rayons X en radiothérapie externe (comme en Amérique du Nord) et souvent les rayons gamma en radiothérapie interne, dite interstitielle, en implantant sous la peau des sources radioactives sous forme d'aiguilles de Césium (2) ou d'Iridium (4), deux métaux radioactifs. Cette technique s'appelle «brachythérapie» ou radiothérapie interstitielle. Elle permet un ciblage très précis et évite les surdosages avec sensation de brûlure. En Amérique du Nord, les rayons X et les rayons gamma sont de loin les plus utilisés sous forme de radiothérapie externe. C'est le radiothérapeute qui choisit la meilleure technique de radiothérapie. Il va délimiter le volume ciblé, prendra les repérages sur la peau lors d'une visite préalable. Un radiophysicien, ou un dosimétriste calculera sur ordinateur les doses ainsi que les courbes dites d'isodoses pour les différents niveaux à irradier.

Le traitement radiothérapeutique :

La radiothérapie est un des piliers dans le traitement non mutilant des cancers du sein. Les traitements s'étalent sur 5 à 6 semaines, 5 jours par semaine et dans la majorité des cas, sur une base externe. Ils sont administrés en doses fractionnées de 3 à 5 minutes chacune. Les séances commencent une fois la plaie guérie, environ un mois ou six semaines après l'intervention chirurgicale, ou environ deux à trois semaines après le dernier traitement de chimiothérapie, parfois en même temps selon le genre de chimiothérapie. Ce sont surtout les déplacements quotidiens échelonnés durant cette période qui représentent une difficulté et peuvent fatiguer les patientes.

Plus la tumeur résiduelle est volumineuse, moins il y a de chances de stériliser le cancer par radiothérapie par manque de vascularisation ou d'oxygénation. En d'autres termes, plus la tumeur est petite, plus grandes sont les chances de réussite de la radiothérapie dans l'élimination des traces de cancer résiduel. La vascularisation du lit tumoral constitue un facteur important dans l'efficacité de la radiothérapie. Mieux une tumeur est vascularisée, plus elle sera oxygénée et sensible à la radiothérapie. D'où l'importance de réduire au préalable un maximum de cellules tumorales, à l'aide des autres modalités thérapeutiques, comme la chirurgie sélective non mutilante ou la chimiothérapie primaire, cette dernière ayant l'avantage de moins dévasculariser les tissus entourant la tumeur du sein. C'est pourquoi lorsque la tumeur a bien répondu à la chimiothérapie primaire ou néoadjuvante, lors de rémissions complètes ou presque complètes, si une radiothérapie appropriée est administrée en deuxième ligne peu de temps après, on peut, dans des cas bien choisis se passer de chirurgie. Dans ces cas, la radiothérapie se doit d'être plus forte et nécessite alors une surimpression de 1500 cGy au niveau de l'ancien lit tumoral. L'efficacité sur le cancer résiduel et les résultats esthétiques sont d'autant plus satisfaisants que le nombre de cellules cancéreuses résiduelles est petit. Cette séquence de traitement, encore à l'étude, est déjà pratiquée sur une grande échelle à l'Hôpital de La Salpêtrière à Paris (École d'oncologie médicale de C. Jacquillat et D. Khayat, et l'École de Radiothérapie de l'Hôpital Necker, F. Baillet (4) et C. Maylin), ainsi qu'à l'Hôpital Royal Marsden à Londres. Pour les cancers inflammatoires, nous la pratiquons à l'Hôpital Saint-Luc de Montréal depuis le début des années 1980 et pour certains cancers qui ont très bien répondu à la chimiothérapie primaire, depuis le début des années 1990.

Toutefois, l'appareillage utilisé en radiothérapie peut effrayer certaines patientes. Il faut comprendre que ces appareils si impressionnants ne provoquent aucune douleur. Le traitement est court (quelques minutes); une technicienne surveille le traitement de l'extérieur et est toujours disponible si un problème survient.

Les effets secondaires de la radiothérapie:

La radiothérapie, du moins dans le traitement du cancer du sein, cause maintenant peu d'effets indésirables aux patientes, à part les déplacements. Elle peut occasionner des rougeurs cutanées au sein, comparables à des coups de soleil. Ces rougeurs disparaissent après traitement mais le sein peut rester bruni plusieurs mois pour ensuite redevenir semblable à l'autre dans la majorité des cas. Occasionnellement, la peau peut devenir irritée, sensible et même peler partiellement comme lors de certaines petites brûlures, (affection nommée radiodermite). Le radio-oncologue et l'infirmière surveilleront l'évolution. Parfois, le plan de traitement sera modifié selon les besoins. Il faut signaler la possibilité d'une légère sensation de fatigue. La radiothérapie ne fait pas tomber les cheveux et n'est pas un traitement douloureux.

Un des inconvénients à long terme de la radiothérapie sur le sein est la formation d'une certaine fibrose pouvant occasionner, en se contractant, une légère diminution du volume du sein irradié. Si la patiente prend du poids, le sein irradié ne grossit pas alors que l'autre peut grossir, ce qui accentue la disparité de volume entre les deux seins. Quant aux soins de la peau de la partie traitée, n'oubliez pas qu'elle restera plus sensible que le reste du corps et qu'il faudra toujours la traiter avec précaution.

Éviter aussi le soleil sur cette région, en particulier la partie haute du sein au-dessus du maillot de bain. Si vous tenez absolument aux bikinis, utilisez des écrans solaires complets à répétition sur la partie du corps qui a été irradiée et qui est découverte.

Malgré les inconvénients des déplacements, car les services de radiothérapie ne sont accessibles que dans quelques centres hospitaliers seulement, il est très impératif de ne pas manquer ses rendez-vous afin de maximiser l'effet des traitements.

A proximité des centres de radiothérapie, existent des hôtels de la Société Canadienne du Cancer ou de la Fondation Québécoise du cancer pour héberger les patientes qui habitent loin, et ce, à des prix modiques.

Effets bénéfiques de la radiothérapie:

Le monde médical s'entend sur le fait que la radiothérapie diminue les récidives locales et permet d'être plus «économe» chirurgicalement (enlever le moins de masse mammaire possible), c'est-à-dire d'éviter la mastectomie dans la majorité des cas. Tout ceci permet d'améliorer la qualité de vie des patientes, les encourage à consulter plus tôt, diminue les problèmes auxquels ces patientes ont à faire face, en plus du cancer du sein. La radiothérapie dans les traitements non mutilants des cancers du sein est administrée dans le but de stériliser toute multicentricité ou multifocalité possibles (petits îlots de cellules cancéreuses qui pourraient avoir été épargnés lors de la chirurgie ou après la chimiothérapie primaire). Donc, elle empêche la tumeur de se reformer car elle a détruit ou stérilisé tous les foyers tumoraux, qu'ils soient au centre ou à divers endroits près du site originel de la tumeur. Le problème de la multicentricité du cancer a été un argument longtemps utilisé, par les chirurgiens radicaux qui voulaient, ou veulent encore, prôner ou justifier l'emploi des mastectomies totales. La radiothérapie peut être donnée en même temps que la chimiothérapie, dans le but d'augmenter son efficacité locale (77,78), en particulier lorsque le protocole de chimiothérapie CMF est utilisé. Par contre, si l'adriamycine est utilisée sous forme de AC ou de FAC, la radiothérapie doit être administrée seulement après le traitement chimiothérapeutique car leurs effets simultanés seraient toxiques pour la peau. Une surimpression est conseillée si l'intégrité des marges n'est pas certaine, bien que ceci ne soit pas prouvé. Après une chimiothérapie primaire, si la réponse a été complète, une radiothérapie cancéricide de 6000 à 6500 cGy est de plus en plus utilisée, en particulier pour les formes inflammatoires du cancer du sein ou les tumeurs du sein qui étaient grosses au départ. Après plusieurs années de controverses, il n'est plus à démontrer que la survie des patientes porteuses de cancer du sein n'est pas affectée par les différentes formes de traitements loco-régionaux utilisés, d'où l'importance de préserver les seins toutes les fois que cela est techniquement possible et d'utiliser la radiothérapie à bon escient dans ce but. A ce point de vue, le Québec est certainement l'endroit en Amérique du Nord, et probablement dans le monde, où le pourcentage de préservation du sein est le plus élevé. Ceci devrait donner à réfléchir à ceux qui s'imaginent qu'au Québec on est souvent en retard, mais pas toujours! Et ce, malgré les services de radiothérapie qui souvent sont surchargés...

Dans certains cas, le cancer peut être très avancé et difficilement guérissable. La radiothérapie peut néanmoins aider à réduire la tumeur, diminuer la compression, les saignements, la douleur, etc. Cette radiothérapie palliative, même si elle ne peut pas guérir, améliore la qualité de vie de ces patientes qui recevront éventuellement d'autres traitements de chimiothérapie et d'hormonothérapie.

Conclusion

Tout comme la chirurgie, la radiothérapie est un traitement loco-régional qui a pour but de contrôler localement le cancer. Cependant, pour améliorer les survies, ce sont surtout les traitements systémiques comme la chimiothérapie, l'hormonothérapie et peut-être la biothérapie qui vont fournir le maximum d'efficacité. Il est important de combiner les traitements et prendre ce qu'il y a de mieux de chacun. Dans la lutte contre le cancer, la radiothérapie est donc une arme des plus efficaces qui, utilisée avec les autres thérapies, permet d'obtenir une meilleure qualité de vie, tout en contrôlant localement la maladie cancéreuse. Bien que je ne sois pas enclin à utiliser la radiothérapie de routine pour toutes les petites tumeurs du sein, en particulier chez les femmes plus âgées, il n'en demeure pas moins qu'en règle générale, si la tumeur a été excisée avec une marge de tissu sain tout au pourtour, elle rend d'immenses services pour éviter les mastectomies dans la majorité des cas de seins préservés. La radiothérapie est une spécialité en plein essor et prometteuse, surtout dans les traitements conservateurs des cancers du sein. Associée aux nouveaux traitements systémiques de demain, elle va concurrencer de plus en plus la chirurgie dans le traitement de certains cancers, comme le cancer du sein en particulier.

Chapitre 11
L'hormonothérapie

*« Judicieusement utilisée, l'hormonothérapie
est la plus intelligente et la plus douce
de toutes les thérapies contre le cancer du sein.
C'est elle qui offre la meilleure qualité de vie.
Elle est souvent sous-exploitée, tant chez
les jeunes patientes que chez les patientes âgées. »*

Roger Poisson, M.D.

Définition :

L'hormonothérapie est le traitement d'une maladie par des manipulations hormonales ou des modifications du milieu hormonal de tout l'organisme. Dans le cas du cancer du sein, on l'utilise pour ralentir ou arrêter la croissance des cellules cancéreuses. L'hormone visée est alors l'œstrogène à différents niveaux de sa production ou de ses liaisons avec les cellules malignes. L'hormonothérapie peut consister en l'ablation de certaines glandes endocrines comme les ovaires, ou encore l'administration d'hormones, ou le plus souvent d'antihormones comme le tamoxifène ou nolvadex. D'autres hormones comme la progestérone (Mégestrol ou Mégace) ou des agents inhibiteurs de l'aromatase comme l'arimidex (anastrozole) (médicaments causant une surrénalectomie médicale complète) sont également utilisés si le tamoxifène ne fonctionne plus. L'hormono-dépendance d'un cancer signifie que celui-ci est influençable par l'administration d'hormones ou d'agents anti-hormonaux. Tous les cancers du sein ne sont pas hormonodépendants ou hormonosensibles aux mêmes degrés.

Qu'est-ce que les hormones?

Les hormones sont des substances chimiques, produites par certaines glandes du corps humain et qui agissent comme de véritables messagères. Nous avons déjà parlé des cellules des canaux galactophores. Lorsque ces cellules détectent dans le sang la présence d'une hormone (l'œstrogène), elles commencent à se multiplier et s'hypertrophier, ou en terme médical, s'hyperplasier pour préparer les canaux galactophores à un éventuel allaitement. Les œstrogènes sont des hormones synthétisées en grande partie par les ovaires, et de façon moins importante par les glandes surrénales, par l'hypophyse (une glande située à la base du cerveau) et même par le tissu graisseux, d'où l'importance de ne pas grossir. Chaque mois, au cours du cycle menstruel, cette hormone fait son apparition dans le courant sanguin afin de tout préparer en cas de fécondation. De cette manière la grossesse pourrait s'établir ainsi que l'allaitement subséquent. A l'époque où les femmes avaient de nombreuses grossesses, leurs cycles menstruels étaient interrompus lors de chacune des grossesses, ce qui laissait reposer pendant au moins neuf mois les cellules galactophores. Ces périodes de relâche ou de changements déroutaient les facteurs de promotion impliqués dans le développement des cancers du sein. C'est pourquoi, les femmes de nos jours ayant moins d'enfants, surtout dans la jeune vingtaine, présentent une fréquence de cancer du sein qui augmente. C'est assurément un des facteurs incriminés.

Les récepteurs hormonaux et l'hormonothérapie :

Vers le début des années 70, on a découvert la présence de récepteurs hormonaux situés sur la membrane des cellules tumorales. Ces récepteurs peuvent reconnaître une hormone comme l'œstrogène et la faire pénétrer dans la cellule pour stimuler la croissance de la tumeur. On dit alors qu'on est en présence de tumeurs hormonodépendantes ou hormonosensibles (tumeurs qui dépendent des hormones pour croître). Alors qu'avant ces tests, on observait de façon générale une réponse médiocre à l'hormonothérapie (d'environ 30 %), maintenant chez les patientes dont les récepteurs hormonaux sont positifs, ce taux de réponse atteint 80 %. Présentement, trois types de récepteurs hormonaux ont pu être observés : les récepteurs d'œstrogène, de progestérone et d'androgène. Pour le cancer du sein chez la femme, on ne s'occupe pas des récepteurs hormonaux androgéniques (qui sont en relation avec les hormones mâles). Depuis plus de 7 ou 8 ans, il n'est plus nécessaire d'avoir recours à une intervention chirurgicale pour le dosage des récepteurs hormonaux. Quelques douzaines de cellules, aisément prélevées par cytoponction à l'aiguille fine dans le cabinet du médecin, suffisent pour effectuer ces dosages grâce à de nouvelles techniques dites d'immunoperoxydase ou d'immunohistochimie utilisées dans les laboratoires de pathologie.

Plus une tumeur maligne est riche en récepteurs hormonaux, plus sa croissance peut être freinée par l'absence d'œstrogènes, occasionnée par une chirurgie ablative (ovariectomie), ou par l'administration d'antiœstrogènes. Ces derniers, comme le tamoxifène (souvent connu sous d'autres noms comme le tamofen, le novatamofen, le nolvadex) viennent bloquer les récepteurs à la surface des cellules et empêchent les œstrogènes d'y entrer, inhibant ainsi la croissance de la tumeur.

Une tumeur qui contient un pourcentage élevé de récepteurs d'œstrogène est qualifiée de tumeur à récepteurs d'œstrogène positifs (ROE+). Une tumeur qui en contient peu ou pas du tout est considérée comme une tumeur à récepteurs d'œstrogène négatifs (ROE-). Il en est de même pour les récepteurs de progestérone (RP+ ou RP-). Lorsque les deux sortes de récepteurs hormonaux sont nombreux (ROE et RP), le pourcentage de réponse à l'hormonothérapie est d'au moins 80%. Cette réponse sera plus faible ou même nulle lorsque les récepteurs hormonaux sont rares ou absents, ce que l'on observe plus souvent chez les femmes jeunes. Les récepteurs hormonaux sont une des caractéristiques inhérentes à chaque tumeur maligne du sein, un peu comme des empreintes digitales. Au cours des années, on s'est aperçu que les cellules qui créent des métastases et qui peuvent s'échapper et essaimer dans d'autres organes présentent les mêmes «empreintes» ou récepteurs hormonaux que la tumeur originale du sein atteint, même après plusieurs années. Cette observation s'applique pour toutes les métastases, qu'elles soient microscopiques, décelables aux rayons X ou détectables à la palpation. Les agents antihormonaux comme le tamoxifène empêchent la stimulation des tumeurs malignes par les hormones, causant d'abord l'arrêt de la multiplication des cellules tumorales et ensuite leur élimination.

On cherche à cibler, par le dosage des récepteurs hormonaux, quelles sont les patientes susceptibles de bien réagir à l'hormonothérapie. Il est ainsi possible d'améliorer sensiblement leur pronostic tout en évitant d'administrer une hormonothérapie à celles qui seraient plus favorisées par d'autres méthodes de traitement systémique comme la chimiothérapie. Souvent les patientes qui ne répondent pas à l'hormonothérapie ont des récepteurs hormonaux négatifs mais peuvent néanmoins bien répondre à la chimiothérapie. Par contre, judicieusement utilisée, l'hormonothérapie est idéale, car elle est sélective, inhibitrice seulement pour le tissu cancéreux et peu ou pas toxique. Évidemment, il faut bien sélectionner les candidates, être patient, ne pas hésiter à passer d'un médicament à un autre car si une patiente a déjà bien répondu à une forme de traitement hormonal, ses chances de répondre à une autre manipulation hormonale sont bonnes. Un des rares inconvénients du tamoxifène est qu'il peut provoquer un cancer de l'utérus dans un faible pourcentage de cas (3 à 4 patientes sur 1000); d'où l'importance de bien suivre les patientes par cytologies ou biopsies annuelles de l'endomètre et ne pas hésiter à les référer à un gynécologue en présence de saignements utérins anormaux. Il peut aussi occasionnellement causer des troubles oculaires, des cataractes, d'où l'importance de voir un ophtamologue au besoin. Par contre, chez les patientes postménopausées, il diminue le cholestérol et les problèmes cardiaques d'une façon statistiquement significative ainsi que les chances de développer de l'ostéoporose.

Comment perfectionner davantage l'hormonothérapie?

Beaucoup de recherches au niveau des antiœstrogènes se font à travers le monde. A l'Université Laval de Québec, le docteur Fernand Labrie et son équipe travaillent à mettre au point de nouveaux agents antiœstrogéniques purs. Ceux-ci, combinés à des médicaments pour activer les récepteurs des hormones mâles, agiraient en complément pour bloquer entièrement la production d'œstrogènes, et permettre une hormonothérapie encore plus efficace. L'hormonothérapie représente un moyen intelligent de modifier le milieu interne de l'organisme, pour inhiber et faire régresser les cellules cancéreuses avec peu ou pas de morbidité.

Les indications de l'hormonothérapie:

A) Comme traitement adjuvant (pour le traitement des micrométastases) après la chirurgie et la radiothérapie avec ou sans chimiothérapie

Pour combattre la maladie invisible, mais possible, l'hormonothérapie est utilisée comme traitement adjuvant, après l'opération, en particulier chez les femmes postménopausées, car, pour être efficaces, les antiœstrogènes doivent circuler en plus grande quantité que les œstrogènes dans l'organisme. Par contre, chez les femmes préménopausées, les ovaires sont fonctionnels et tendent à maintenir les taux d'œstrogènes élevés. Lorsqu'il y a moins d'œstrogènes en circulation grâce à l'action du tamoxifène, l'hypophyse stimule la sécrétion d'œstrogènes par les ovaires pour compenser, ce qui peut contrecarrer en partie l'action du tamoxifène. Ce mécanisme d'auto-régulation est absent chez les patientes postménopausées parce que les ovaires ne produisent plus d'œstrogènes et permettent donc au tamoxifène d'agir librement. Pour les patientes préménopausées qui présentent des récepteurs hormonaux positifs, afin d'accroître l'efficacité du tamoxifène on peut lui ajouter le zoladex, un médicament onéreux qui bloque la stimulation des ovaires par l'hypophyse. C'est l'équivalent d'une ovariectomie complète mais chimique ou médicale. Cependant, il ne faut pas croire que l'emploi du tamoxifène seul chez les patientes préménopausées, si les récepteurs hormonaux sont positifs, est inutile, loin de là. Même si les taux d'œstrogènes sanguins restent élevés, il agit aussi, mais un peu moins bien que chez les postménopausées.

Pour optimiser l'effet du tamoxifène, celui-ci doit être administré pendant plusieurs années soit, un minimum de cinq ans après les traitements locaux. Le tamoxifène obtient son maximum d'efficacité chez des patientes dont les ROE et RP sont positifs (les deux de préférence), présentant des tumeurs à évolution lente, c'est-à-dire bien différenciées avec grade nucléaire faible ou intermédiaire, une épreuve de prolifération cellulaire comme le Ki-67 négative ou faible. Ce traitement adjuvant au tamoxifène diminue les risques de récidives locales, des métastases à distance, de développer un autre cancer du sein du côté opposé et augmente ainsi les survies pour les patientes, que les ganglions soient positifs ou non. Ceci a été particulièrement prouvé par les méta-analyses de Richard Peto (analyses de multiples études combinées et amalgamées) qui comportent moins de risque d'erreurs vu le très grand nombre de patientes impliquées (70 000 ou plus). Ainsi il a été démontré que l'administration de tamoxifène, dans l'ensemble, réduit les risques de rechute du cancer de 25 % et réduit les risques de décès de 16%. Chez les femmes postménopausées, la réduction des rechutes est de 29% et celle des décès de 20%. Pour celles préménopausées, le résultat est inférieur: réduction des rechutes 12%, et réduction des décès 6%. Le tamoxifène est administré aux doses de 10 mg deux fois par jour ou 20 mg une fois par jour. Les compagnies pharmaceutiques fabriquent maintenant des comprimés de 20mg faisant en sorte que les patientes n'en prennent qu'un par jour, ce qui donne d'aussi bons résultats, tout en facilitant la vie des patientes. L'hormonothérapie au tamoxifène n'empêche pas une chimiothérapie associée. Cette combinaison thérapeutique peut encore améliorer les bénéfices sur les récidives locales et la survie. Pour les personnes âgées de plus de soixante-dix ans, la chimiothérapie adjuvante est rarement utilisée, aussi les traitements systémiques se font davantage à l'hormonothérapie seulement. En Angleterre, le tamoxifène est utilisé chez presque toutes les patientes traitées pour cancer du sein car son mode d'action ne se limite pas au blocage des récepteurs d'œstrogène. Cette tendance se popularise, même en Amérique du Nord, car on se rend compte que ce médicament est peu toxique par rapport aux autres traitements et que même si les récepteurs sont faibles ou négatifs, la patiente peut tout de même en tirer bénéfice dans une certaine mesure. Tout n'est malheureusement pas aussi simple qu'on aimerait le croire. Souvent les facteurs à considérer chez une même patiente sont mixtes en raison de la grande hétérogénéité des cancers. En oncologie, tout n'est pas noir ou blanc...

B) Dans le traitement des stades avancés (stade IV):

L'hormonothérapie continue à être un bon traitement lorsque le cancer est généralisé. C'est un traitement palliatif et particulièrement utile lorsque les métastases sont osseuses et non pas viscérales (foie, cerveau, etc), lorsque l'évolution de la maladie est lente et évidemment lorsque les récepteurs de la tumeur initiale sont positifs. Elle peut être donnée de façon séquentielle en particulier entre des épisodes de chimiothérapie ou en association avec de la radio-thérapie. Il existe plusieurs autres agents pouvant être utilisés en hormonothérapie surtout en deuxiè-me ligne, si le tamoxifène n'est plus efficace à cause de la résistance aux médicaments. On compte parmi ceux-ci la progestérone (sous forme d'acétate de mégestrol ou mégace) et les inhibiteurs de l'aro-matase tel l'aminogluthétimide comme le cytadrin, le lentaron, le letrozol et le tout nouveau médicament : l'arimidex (anastrozole) qui lui se prend par la bouche et ne fait pas grossir.

C) L'hormonothérapie primaire chez les personnes âgées :

Chez les personnes âgées de plus de 70 ans, on peut se servir d'hormonothérapie primaire dans le traitement du cancer du sein surtout si les récepteurs hormonaux sont positifs. Grâce à des cytoponctions à l'aiguille fine ; des cellules tumorales sont prélevées et soumises aux analyses appelées ER-ICA et PGR-ICA déjà mentionnées. On détermine ainsi la capacité de ces cellules à capter ou non les œstrogènes et la pro-gestérone sans avoir à opérer la patiente. Nous pou-vons résumer en plusieurs points les avantages de l'hormonothérapie chez les personnes âgées :

1 : Les patientes âgées ont souvent des tumeurs mieux différenciées et plus hormonodépen-dantes que les jeunes.

2 : Il y a peu de contre-indications aux antiœs-trogènes (à part les phlébites).

3 : L'hormonothérapie est bien acceptée par les patientes. Le traitement se poursuit en externe et n'est pas contraignant.

4 : Elle est peu ou pas toxique et peut se donner à vie.

5 : Elle diminue les déplacements fréquents et souvent évite l'hospitalisation à des malades âgées dont l'espérance de vie peut être relativement brève indépendamment de la guérison locale du cancer.

6 : Elle permet de traiter tout l'organisme.

7 : Tous ces facteurs favorisent l'observance thérapeutique (fidélité aux traitements).

8 : Elle permet d'observer la réponse clinique (chimiogramme vivant) et de juger ainsi de l'efficacité du traitement. On peut alors continuer dans le même sens jusqu'à la meilleure réponse qui est déterminée par l'examen clinique et la mammographie.

9 : La diminution de la tumeur encourage les patientes à bien prendre leurs comprimés.

10 : Nous avons des patientes avec des rémissions complètes depuis plusieurs années.

Les deux-tiers des patientes connaissent des rémissions objectives, c'est-à-dire complètes ou supérieures à 50 %.

11 : Lorsque la tumeur ne répond plus au tamoxifène, une autre hormonothérapie peut être utilisée, comme le nouvel inhibiteur de l'aromatase appelé arimidex. Si la tumeur ne répond plus du tout, ou commence à réapparaître ou à grossir,

un traitement chirurgical classique ou économe avec ou sans radiothérapie, selon le genre d'intervention chirurgicale devient alors nécessaire.

12 : La fonte tumorale par l'hormonothérapie permet une chirurgie et une irradiation moins importante, lorsque l'hormonothérapie n'agit plus.

Les traitements hormonaux des cancers du sein connaissent un essor important donnant de bons résultats avec peu ou pas de toxicité. Avec le développement de nouveaux agents antiœstrogéniques plus purs, ce que nous énonçons dans ce chapitre deviendra de plus en plus approprié et applicable à une grande échelle.

D) L'hormonothérapie en prévention primaire pour enrayer le développement du cancer (chimioprévention) :

Finalement, dans le cadre d'une chimioprévention, le tamoxifène peut être utilisé comme prévention primaire avant même que la maladie n'apparaisse. Ces traitements préventifs font présentement l'objet de recherches cliniques et sont administrés, dans le cadre d'essais thérapeutiques, à des groupes témoins. La moitié des femmes reçoivent le tamoxifène et l'autre moitié, un placebo, le choix étant fait au hasard par ordinateur. Les résultats de cette étude prendront encore plusieurs années.

Effets secondaires :

Bien que plus douce que les autres modalités thérapeutiques, l'hormonothérapie peut néanmoins présenter certains effets secondaires, surtout chez les femmes près de la ménopause. Ainsi, des bouffées de chaleur, des pertes vaginales ou sécheresse de la muqueuse vaginale ou une accélération de la ménopause peuvent survenir. Selon la gravité de ces symptômes, des traitements peuvent alors s'imposer. Les médicaments comme le dixarit (clonidine) et le bellargal (belladone-phéno-barbital) peuvent apporter un certain soulagement aux bouffées de chaleur. Une fréquence accrue du cancer de l'utérus existe mais cette complication est très rare et traitable. Sur des milliers de patientes que je traite au tamoxifène depuis la fin des années 1970, je n'ai observé que 5 cas de cancer de l'utérus bien documentés et tous ont été facilement guéris. Les avantages du tamoxifène chez les patientes qui ont déjà eu un cancer du sein, sont de beaucoup supérieurs à ses inconvénients.

Chapitre 12

L'immunologie et l'immunothérapie

*«Ici, nous parcourons le terrain
le plus incertain qui soit»*

William Boyd

Considérations préliminaires :

Le corps humain a développé tout au long de l'évolution des mécanismes qui lui permettent de s'adapter aux conditions climatiques et écologiques ainsi que de résister aux micro-organismes auxquels il fait face quotidiennement : bactéries, microbes, virus, champignons, etc. Pour accomplir ces tâches, le système immunitaire possède deux niveaux de défense : l'immunité cellulaire qui comprend les cellules ou globules blancs du système sanguin (leucocytes, lymphocytes, monocytes, macrophages, etc.) et l'immunité humorale, c'est-à-dire le système antigène-anticorps. Le rôle des leucocytes (globules blancs) du système sanguin est relativement simple à comprendre. Lorsque vous tombez, vous vous infligez une éraflure. Au contact du sol et du vieux sang de l'éraflure, des bactéries vont tenter de pénétrer à l'intérieur de votre corps pour s'y multiplier. Si aucun traitement local n'est appliqué, une vingtaine d'heures après l'accident, vous pourrez constater sur l'éraflure la présence d'un liquide purulent, jaune verdâtre. Il s'agit du pus constitué de globules blancs et de bactéries que ces globules ont tuées. En fait, les globules blancs constituent la première ligne de défense de l'organisme.

Le système humoral (antigène-anticorps) forme la seconde ligne de défense. Le corps humain peut reconnaître tout organisme qui lui est étranger et qui représente une menace quelconque. Pour lutter contre un ennemi potentiel que l'on nomme ici un antigène, il va fabriquer une arme que l'on appelle anticorps. De plus pour chaque antigène donné, se créera un anticorps qui lui sera spécifique. Il s'agit d'un système hautement spécialisé et remarquablement efficace. L'étude de ces mécanismes de défense s'appelle l'immunologie et englobe entre autres les défenses immunitaires et l'immunothérapie.

«Au cœur du système immunitaire réside la faculté de différencier le soi du non-soi. Essentiellement chaque cellule du corps porte des molécules qui l'identifient comme étant soi»

L.W. Schindler

Système immunitaire et cancers

Avec la soudaine et redoutable apparition du SIDA qui déprime et détruit le système immunitaire, avec pour ultime conséquence la mort de l'organisme incapable de combattre les infections, nous avons la preuve que le système immunitaire joue un rôle important dans la prévention des infections et éventuellement des cancers. Nous n'avons eu que quelques cas de patientes, habituellement des jeunes, porteuses de cancer du sein, et présentant également un syndrome d'immunodéficience (avec anticorps HIV⁺), ou bien un SIDA déclaré. Malgré les traitements, leur cancer du sein évolue souvent, en quelques mois, vers une issue fatale, probablement à cause de l'absence de défenses naturelles. Parmi plus de 4000 cancers du sein que j'ai eu l'occasion de traiter dans ma carrière, j'ai rarement vu des évolutions aussi foudroyantes. Le virus du sida déprime le système immunitaire, livrant l'organisme sans défense aux agents pouvant causer le cancer. Il peut même déclencher directement la formation d'un certain type de cancer des ganglions, le lymphome, ceci en activant ou réveillant certains oncogènes ou rétrovirus à l'intérieur de ces ganglions. Une réaction en chaîne se produit alors au niveau du système lymphatique aboutissant à la formation de lymphome, cancer assez grave des ganglions lymphatiques. Souvent les sidéens meurent d'infections causées par le sida avant de succomber à ce cancer des ganglions. C'est pourquoi l'aspect «cancer et sida» n'est pas aussi connu qu'il devrait l'être.

Chez les animaux, il est possible d'injecter des cellules cancéreuses dans le sang, lequel va fabriquer des anticorps pour les combattre. Quand on injecte ces anticorps à un animal atteint d'un cancer, ce dernier peut régresser. Depuis 1987, des études chez les humains ont débuté, entreprises par le Dr Steve Rosenberg, chirurgien-oncologue américain, qui travaille sur l'immunothérapie spécifique chez l'humain.

Le cancer du sein offre certains exemples d'application immunologique. Des modèles animaux ont montré, comme nous l'avons souligné, que l'immunothérapie a apporté d'heureux résultats. Chez l'être humain, le déroulement de la maladie tant au niveau histologique (étude des tissus sains) qu'au niveau pathologique (étude des tissus malades) suggère fortement l'implication d'une réponse immunitaire. Ainsi, le fait qu'un des meilleurs facteurs de pronostic connus soit le nombre de ganglions axillaires atteints par le cancer démontre bien le rôle important de l'immunologie dans la lutte contre le cancer, ces ganglions faisant partie du système immunitaire. Malheureusement, jusqu'à maintenant, ces connaissances demeurent surtout théoriques. Leurs applications pratiques en combinaison avec d'autres modalités thérapeutiques offrent une lueur d'espoir quant à une augmentation de la survie au cancer, en se débarrassant ou en convertissant les dernières cellules cancéreuses. Par exemple dans le traitement des cancers du côlon avec ganglions positifs, une chimiothérapie combinée à un agent immunostimulant comme le Lévamisole, est plus efficace que de la chimiothérapie employée seule. Dans un avenir probablement plus proche que l'on pense, tout comme l'hormonothérapie, la chimiothérapie et la radiothérapie qui se sont ajoutées à la chirurgie, l'immunothérapie et la biothérapie moléculaire seront bientôt mises à profit comme cinquième arme dans la lutte contre le cancer du sein.

Immunologie du cancer du sein chez les humains:

Une des premières observations effectuées chez les humains est que les leucocytes de patientes atteintes de cancer du sein réagissent de la même façon au MMTV (Mammary Mouse Tumor Virus) que les leucocytes des souris. Ce qui démontre deux choses: il y a présence dans certains cancers du sein de particules virales analogues au MMTV, et le corps humain est capable de synthétiser des anticorps anticancer. Plusieurs travaux ont identifié la présence de ces anticorps dans le sang et sur la ou les tumeurs, dans les ganglions axillaires et même sur les métastases. Si on est encore loin de prouver un rôle viral dans la genèse du cancer du sein, ces découvertes peuvent être très utiles dans son traitement. Ainsi, le fait que cet anticorps se retrouve dans le sang pourrait être utilisé dans le dépistage du cancer ou son pronostic. Disons d'abord que cet anticorps n'est pas présent chez toutes les femmes atteintes. Les études épidémiologiques appuient cette observation, ce qui démontre que le cancer du sein est lié à plusieurs causes (il est multifactoriel) et non à une seule, fût-elle virale.

Bien qu'il existe plusieurs autres ganglions axillaires, l'ablation chirurgicale de certains d'entre eux, dans un but de thérapie et surtout de stadification de la maladie, extirperait-elle un mécanisme immunologique local important? Doit-on conserver les ganglions axillaires afin de préserver un mécanisme naturel de défense, ou doit-on plutôt les enlever pour déterminer précisément où en est le cancer? Pour l'instant, la réponse à ces questions demeure controversée. Une chose est sûre, leur ablation ne prolonge pas la survie mais permet d'établir un «staging» ou stadification précise du cancer. La dissection de l'aisselle permet aussi un bon contrôle local de la maladie.

Les tests immunologiques à notre disposition ne sont malheureusement pas d'une grande fiabilité. Il ressort des recherches que les patientes atteintes de cancer du sein présentent généralement une immunodépression (44,45). Plus elle est importante, moins le pronostic est favorable (46). Ceci pourrait constituer une explication au phénomène observé, à savoir que, pour un même type de cancer, certaines patientes répondent mieux aux mêmes traitements que d'autres. Il pourrait peut-être s'agir de nutrition associée à des problèmes psychologiques (stress), sociaux, de motivation ou autres?

Immunothérapie:

L'immunothérapie a pour but de restaurer les défenses de l'hôte. Il en existe plusieurs sortes:

A) Immunothérapie passive:

Elle consiste en l'injection d'agents immunologiques, de facteurs sériques (agents que l'on retrouve dans le sérum sanguin) de l'immunité, spécifiques ou pas. Les anticorps monoclonaux en sont un bel exemple. Ceux-ci, par leur pouvoir théorique de cibler parfaitement une cellule cancéreuse, représentent un espoir évident dans le diagnostic et la thérapie du cancer. Aux anticorps monoclonaux peuvent être adjoints des agents chimiothérapeutiques agissant comme de véritables ogives à tête chercheuse. Elles pourront trouver la cellule cancéreuse, la pénétrer et la détruire sélectivement; mais c'est encore au stade expérimental.

B) Immunothérapie adoptive:

1) A titre d'exemple, on peut citer ici la greffe autologue de la mœlle osseuse. La mœlle est prélevée du corps de la patiente et purgée de toutes cellules cancéreuses par différentes méthodes impliquant l'utilisation d'anticorps monoclonaux. Pendant ce temps, la patiente reçoit des doses énormes de

chimiothérapie (doses qu'il serait impossible d'administrer normalement) pour tenter de tuer toutes les cellules cancéreuses dans l'organisme. Ensuite, la mœlle osseuse purifiée est réinjectée à la patiente. Le système immunitaire peut reprendre rapidement son rôle dans la défense de l'organisme.

2) La formule «magique» de l'immunothérapie adoptive, bien qu'encore expérimentale, consiste à prélever du tissu tumoral, incluant des cellules immunologiquement compétentes comme des cellules NK (natural killer) et des cellules TIL (tumour infiltrating lymphocytes), les isoler et les cultiver en laboratoire en présence de lymphokine 2 pour augmenter leur activité anti-tumorale. Une fois en culture, on les renforce et elles se multiplient en grand nombre. Ces cellules, activées par l'interleukine 2, deviennent ce que l'on appelle des LAK cells (lymphokine activated killer cells) que l'on réinfuse au patient. Cette technique présente des résultats intéressants, en particulier pour les mélanomes et les cancers du rein. Mais pour le cancer du sein cette méthode est encore loin de représenter l'idéal.

C) Immunothérapie active spécifique:

Son but ultime est de pouvoir fabriquer des vaccins spécifiques aux cancers. On administre des produits tumoraux inactivés par radiothérapie ou chimiothérapie. Mais comme nous l'avons vu dans les considérations préliminaires sur l'immunologie, les tumeurs sont très peu antigéniques et, de plus, fortement hétérogènes (variables). Certains chercheurs rapportent des résultats encourageants dans le traitement des leucémies. Sur certaines souris porteuses de leucémie spontanée, la chimiothérapie détruira presque toutes les cellules leucémiques avec rémission complète mais tôt ou tard, des rechutes vont survenir. Par contre, dans ces cas expérimentaux, chez l'animal, l'immunothérapie arrive à guérir définitivement (sans aucune rechute). Néanmoins, on peut affirmer qu'il n'existe pas encore de vaccins contre le cancer chez l'humain.

D: Immunothérapie active non spécifique:

D.1:*Agents extraits de bactéries:*

De nombreux agents immuno-adjuvants (qui aident l'immunologie) extraits de bactéries, ont été utilisés avec plus ou moins de succès, comme le BCG, et d'autres comme le C Parvum (Corynebacterium parvum). Par contre, le Lévamisole semble, chez l'humain, avoir un certain succès dans le traitement adjuvant des cancers du côlon et du rectum, lorsque combiné avec de la chimiothérapie, en stimulant la production de lymphocytes T et de macrophages.

D.2: *Immuno-adjuvants d'origine leucocytaire, lymphocytaire et macrophage:*

Ici on pense à l'Interféron, et la dernière née, la famille des Interleukines, dont, l'Interleukine-1 et l'Interleukine-2. Malheureusement, en clinique elles n'eurent pas le succès espéré du moins en ce qui concerne le cancer du sein. Les rétinoïdes agissent sur la fonction NK (Natural Killer) et réduisent l'incidence de nouveaux foyers cancéreux primaires du même genre, mais survenant à d'autres endroits du corps (multicentricité du cancer).

Pourquoi l'immunothérapie n'apporte-t-elle pas de meilleurs résultats?

Plutôt que de l'utiliser comme instrument de lutte contre le cancer, il faudrait peut-être se servir de l'immunothérapie pour moduler la réponse immune de l'hôte qui est souvent déprimée (abaissée), soit par la maladie elle-même, soit par les traitements comme la chimiothérapie. Dans cette optique, l'immunothérapie permettrait à l'organisme de reprendre le contrôle de sa propre défense. Ces notions promettent pour l'avenir une ressource supplémentaire dans la lutte contre le cancer du sein, en association avec d'autres formes de thérapies comme la chimiothérapie, l'hormonothérapie, etc. L'immunothérapie, bien que loin d'être au point, me paraît plus prometteuse que la chirurgie radicale et la chimiothérapie intensive en escalade. Ces formes de plus en plus agressives de traitements me rappellent trop l'histoire d'un général allié qui, lors de la première guerre mondiale, s'informait du bilan des champs de bataille de la veille:

Général: Les pertes?

L'état major: Elles sont énormes, plus de cent mille soldats tués en une seule journée.

Général: Les gains en territoire?

État major: Ils sont minimes, quelques douzaines de mètres.

Général: Très bien, continuons dans le même sens...

On peut dire maintenant que **plus de chirurgie n'est pas mieux, plus de radiothérapie n'est pas mieux**, mais on ne peut pas dire encore *que plus de* *chimiothérapie n'est pas mieux.* D'ici un an ou deux, on saura mieux à quoi s'en tenir à ce sujet. D'autres modalités thérapeutiques (antifacteurs de croissance, antiprotéases, anticorps monoclonaux spécifiques, des thérapies antiangiogéniques qui diminuent l'apport sanguin aux tumeurs) combinées à des chimiothérapies de demain, seront probablement la formule la plus efficace pour maîtriser le cancer.

Conclusion :

L'immunothérapie dans le cancer du sein a jusqu'à tout récemment été limitée à un faible nombre de patientes, au stade avancé ou en récidive. Malheureusement, les succès furent pour le moins marginaux. Pourtant, avec l'essor des connaissances biologiques des mécanismes immunologiques et surtout avec la percée des biotechnologies permettant la fabrication d'anticorps très spécifiques dont les anticorps monoclonaux, l'espoir d'une immunothérapie efficace renaît.

L'interféron et l'interleukine-2, loin d'être les armes miracles espérées, demandent néanmoins une recherche plus approfondie. De nouvelles biotechnologies permettront certainement d'optimiser l'utilisation de l'immunothérapie. Dans tout cancer, deux aspects sont à considérer : d'une part le cancer et d'autre part l'hôte, c'est-à-dire le patient qui héberge ce cancer. Dans le passé, l'accent a été placé sur le cancer (comment éliminer toutes les cellules cancéreuses) et pas assez sur l'hôte et ses mécanismes naturels de défense. La réponse de l'hôte est pourtant fondamentale. On le voit bien chez les gens atteints d'immunodéficience acquise (SIDA), qui, à cause de leur faible défense, peuvent facilement développer des cancers des ganglions (lymphomes), à évolution rapide. Dans le cas de transplantation d'organe, on administre des immunosuppresseurs pour éviter les rejets, entraînant ainsi plus de risques de développer des tumeurs malignes, mais il s'agit d'un risque calculé. Pour traiter le cancer, l'immunologie sera appelée à jouer un rôle de plus en plus important dans le maintien d'une saine homéostasie. En dernière instance, le verdict (guérison ou rechute) va dépendre des interrelations entre la maladie cancéreuse, l'hôte et son état immunitaire. Après des thérapies destructrices mais indispensables, comme la radiothérapie et la chimiothérapie, l'emploi d'une immunomodulation séquentielle (augmentation graduelle de la réponse immunitaire) amenant une bonne homéostasie immunitaire, permettrait aux patientes de se débarrasser de la maladie imperceptible jusqu'à la dernière cellule cancéreuse, et en même temps de «guérir» cette maladie de déséquilibre que l'on nomme cancer. Comme le professeur Georges Matté l'a souvent souligné: «L'immunothérapie présente l'originalité de le faire accomplir par l'organisme lui-même avec moins de toxicité.».

La répression à outrance ne serait peut-être pas le seul moyen de se débarrasser des dernières cellules cancéreuses, dites anarchiques ou révoltées (par analogie on connaît les résultats de la guerre du Vietnam, du Moyen-Orient, de la Somalie, etc.). Il ne faut pas exclure des moyens de reconversion immunologique, en particulier.

Ce ne sont pas seulement les termes techniques de ce chapitre que le public devra retenir, mais la nécessité impérative de conserver un bon équilibre interne (le milieu interne de Claude Bernard), d'une bonne homéostasie ou condition de vie équilibrée de l'organisme.

La santé et l'ensemble des mécanismes autorégulateurs contribuant au bon maintien du milieu interne seront entretenus par des habitudes de vie saines qui renforcent les défenses naturelles ou immunologiques contre les infections en général et certains déséquilibres profonds, sources de bien des cancers. A mon avis, sans l'apport de la prévention, les recherches seules n'arriveront pas à venir à bout du cancer.

---

[1] Le Lévamisole est un médicament connu, en particulier par les vétérinaires, pour aider les animaux à se débarasser de vers intestinaux comme le ténia.

Chapitre 13

Le rôle de la génétique moléculaire dans le traitement du cancer

*On a souvent du mal à croire ce qu'on
ne comprend pas, même si c'est vrai.*

Dr Roger Poisson

Introduction

Ce chapitre peut paraître à première vue un peu
rébarbatif, mais si vous persistez jusqu'à la fin il
vous permettra de mieux comprendre l'oncologie et
la génétique. Cette dernière avance à grands pas. Il
suffit de penser à la fameuse brebis Dolly, issue du
clonage à partir d'une seule cellule de glande mamm-
maire adulte. Ceci aurait été impensable et même
farfelu, il n'y a pas encore si longtemps.

Les vingt-cinq dernières années ont été marquées
par l'essor considérable des connaissances
biologiques en oncologie. Qu'il s'agisse d'oncogenèse, de biologie moléculaire, d'immunologie, de
génétique moléculaire ou même de clonage, les connaissances de base se sont accrues à un rythme
quasi galopant. Récemment, à la suite d'une intervention chirurgicale, j'ai fait parvenir, pour fin de

diagnostic, du tissu ganglionnaire au laboratoire de pathologie de l'hôpital. Malgré des analyses très poussées, les examens d'anatomopathologie morphologique au microscope (étude des structures anatomiques et de leurs pathologies), même en utilisant de nouveaux marqueurs tumoraux, ne purent trancher la question : est-ce malin ou simplement inflammatoire ? Afin de clarifier la question, les spécimens furent adressés à un laboratoire hautement spécialisé en biologie moléculaire qui confirma mes doutes : lymphome (tumeur maligne des ganglions lymphatiques). **C'est ainsi que la génétique moléculaire devient de plus en plus l'oncologie d'aujourd'hui.**

Un nouveau vocabulaire

La génétique moléculaire a développé son vocabulaire. A ce stade, il est utile d'en prendre connaissance afin de faciliter la compréhension de ce chapitre. Les gènes sont formés d'un alignement de diverses sous-unités : les *nucléotides*. Chaque cellule du corps humain contient tout le matériel génétique d'une personne donnée : c'est son *génotype*. Dans certaines conditions, certains gènes comme les *proto-oncogènes* peuvent devenir oncogènes, fractions du code génétique reliées au développement du cancer. En fait, les oncogènes sont des gènes comme les autres, jusqu'au jour où un *« incident »* ,ou initiation (voir le chapitre 6, *« Qu'est-ce que le cancer »*) modifie soudain leur comportement. Ceci peut être provoqué par des substances cancérigènes, des virus, le tabac, l'alcool, ou simplement par des mutations spontanées. Si les oncogènes s'emballent, ils déclenchent une prolifération anarchique des cellules pour aboutir à la formation d'un cancer. D'autres gènes ont l'effet inverse : empêcher la cellule de se multiplier, on les appelle : *gènes suppresseurs, anti-oncogènes ou gènes régulateurs*. Les gènes occupent un site précis sur l'ADN nucléaire et ce site permet ou non aux gènes de s'exprimer (*gène actif* ou *gène inactif*), c'est-à-dire effectuer une fonction donnée. Un gène inactif, par exemple dans son site initial, peut se réactiver quand son site est modifié. Cette *relocalisation* permet aussi l'effet contraire, c'est-à-dire, inactiver un gène auparavant actif, à son site antérieur. Un gène peut être *amplifié* s'il est placé dans certaines conditions et son activité peut être ainsi accrue. Finalement, un gène peut *muter*, c'est-à-dire altérer sa structure ce qui entraînera un changement dans ses activités. Les facteurs cancérigènes ou, au contraire les agents redifférenciants (qui contribuent au retour à la normale), peuvent intervenir à ce stade pour régulariser l'expression génique. On commence à connaître l'expression de divers oncogènes dans les différentes sortes de cancers du sein. Ceci expliquerait pourquoi on guérit facilement certains cancers qui ne développent pas de métastases, alors que l'on échoue pour d'autres, pour la raison inverse. De toute évidence, il faudrait des traitements différents et adaptés dès le diagnostic établi et les analyses bio-moléculaires effectuées.

Lorsqu'un gène se multiplie, il le fait en se dédoublant. Ce dédoublement ne peut s'effectuer que dans un sens. Si on insère un *oligo-nucléotide* (petit nucléotide), qui se placera en sens inverse de la duplication, on pourra bloquer la multiplication : c'est la théorie *anti-sens*, base de la thérapie du même nom.

Bref rappel historique

L'étude des structures chromosomiques a connu un essor considérable avec les découvertes de Watson et Crick sur la double hélice d'acides nucléiques. Elle fut suivie de la microscopie électronique des ultra-structures pour, finalement, pénétrer dans ce que la vie comporte de plus intime : la génétique moléculaire. Bien sûr, l'oncologie a largement profité de ces nouvelles découvertes, en sciences de base, sur les gènes. Aujourd'hui, on comprend beaucoup mieux, les mécanismes régissant l'oncogenèse et la biologie du cancer ; en particulier les notions de tumeurs malignes, précoces ou tardives, portant moins sur l'élément temps mais davantage sur la cytogénétique propre aux différentes sortes de cancers. Cette dernière détermine si une tumeur est biologiquement favorable, c'est-à-dire bien différenciée, à évolution lente (exemple de la tortue), ou au contraire biologiquement agressive, indifférenciée, à évolution rapide (exemple de l'oiseau). Au fur et à mesure que les techniques cytogénétiques se raffinent, on peut découvrir des anomalies autrement non décelables par la morphologie anatomopathologique classique. Par exemple, la technique d'amplification génique, encore appelée couramment PCR (Polymerase Chain Reaction), permet de poser le diagnostic moléculaire, en détectant les mutations génétiques spécifiques à des cas de cancers.

Évolution depuis les espoirs des années 70

Au début des années 70, l'optimisme régnait quant à la solution du cancer... surtout si on y consacrait autant de ressources que pour aller sur la lune ! Vingt-cinq ans, et plusieurs dizaines de milliards de dollars plus tard, force est de constater que l'objectif n'est pas atteint. Le cancer reste la deuxième cause de mortalité, juste après les maladies cardio-vasculaires. Il pourrait d'ailleurs passer au premier rang dès le siècle prochain car le taux de mortalité par maladies cardio-vasculaires diminue constamment, grâce à une meilleure prévention et à des traitements plus précoces et généralisés de l'hypertension. Par contre, le taux de mortalité des grands cancers (poumons, seins, prostate, tube digestif, etc.) diminue légèrement ou demeure identique. L'espoir réside dans le fait qu'on guérit maintenant plus de cancers. Mais l'incidence du cancer du sein, par exemple, augmente et ce, dans tous les groupes d'âge. Il y a là un paradoxe. Certes, on en guérit plus, mais il y en a de plus en plus... Le cancer s'est avéré un ennemi plus coriace que prévu et c'est pourtant dans la compréhension des mécanismes intimes de la cancérisation que de grands pas ont été franchis. La virologie, l'immunologie et la génétique moléculaire ont permis d'en apprendre beaucoup sur la cancérogenèse (ensemble des éléments qui contribuent à la formation du cancer).

L'approche héréditaire et ses implications

Quelle que soit l'âge d'apparition, 5 % des cancers du sein peuvent être directement reliés à l'hérédité. Cette proportion passe à 25 % chez les femmes de moins de trente ans. Ces observations ont conduit les chercheurs à identifier le gène responsable d'une telle situation. Il s'agit du gène BRCA1 (une découverte récente). Une personne porteuse de ce gène a 85 % de risques de développer un cancer du sein avant l'âge de 65 ans et 63 % de risques de développer un cancer des ovaires avant 70 ans. De ces constatations, deux conclusions s'imposent: d'abord, la nécessité de poursuivre la recherche afin d'identifier les facteurs qui font que, même en présence de ce BRCA1, certaines femmes (15 %) ne développent pas de cancer du sein, tandis que d'autres (27 %) ne seront pas atteintes du cancer des ovaires. Ensuite, nous réalisons que les femmes porteuses de ces gènes doivent absolument être suivies de plus près et davantage sensibilisées aux mesures de prévention[1].

Ce que la virologie nous a appris sur l'oncologie

Disons quelques mots d'abord sur la virologie. Depuis plusieurs années, nous connaissons l'existence de certains virus cancérigènes chez les animaux. Ainsi, le MMTV «*M*ouse *M*ammary *T*umor *V*irus» induit le cancer du sein chez la souris. Chez l'humain, on n'a pu encore relier ces virus aux différents cancers. En fait, seulement deux rétrovirus furent identifiés comme cause de certaines formes de leucémie. Mais, l'étude des virus nous a permis de mieux comprendre le processus génétique de la cancérisation. Pour être en mesure d'assurer sa multiplication avec l'ADN cellulaire, le rétrovirus doit transcrire son ARN en ADN. A cet effet, Il possède une enzyme spécifique: la transcriptase inverse, grâce à laquelle il sera incorporé à l'ADN cellulaire. Pour simplifier, le rétrovirus agit comme un voleur désirant pénétrer dans une banque fermée à l'aide d'une carte d'accès falsifiée. Il transforme sa propre

---

[1] Sans tomber dans les extrêmes, comme le font certains médecins américains qui pratiquent la mastectomie bilatérale... préventive!

carte (ARN) à l'aide d'un outil (transcriptase inverse) pour pénétrer dans la banque (ADN). Cette combinaison d'ADN rétroviral et cellulaire peut produire trois effets: relocaliser un gène normal à un site différent sur le chromosome - amplifier l'action usuelle de ce gène ou engendrer une mutation de ce gène. Ces effets illustrent la façon dont une cellule normale peut se transformer en cellule cancéreuse sous l'effet d'un dérèglement des gènes.

Les applications potentielles reliées à ces découvertes

Ces découvertes en virologie ouvrent la porte à d'extraordinaires applications, pour l'instant encore expérimentales, en thérapie du cancer. En effet, si on utilisait des rétrovirus modifiés (de sorte qu'ils ne soient pas infectieux ou même ne puissent se multiplier) pour insérer un «bon» gène à l'endroit où se trouve un «mauvais» gène (ou oncogène) on obtiendrait plus qu'une rémission clinique et cytologique complète, **mais une véritable guérison cytogénétique permanente**. Ce type d'ingénierie génique fonctionne actuellement en culture cellulaire et commence à être utilisé expérimentalement chez l'humain. Pour la première fois, on a même réussi à créer artificiellement un chromosome humain.

Par ailleurs, avec l'apparition du SIDA, l'immunologie est devenue l'une des premières préoccupations médicales de cette fin de siècle. Ce domaine a connu un grand développement au cours des 25 dernières années. La découverte du virus du SIDA (VIH) a évidemment contribué à l'accroissement des connaissances à ce sujet. Des médiateurs de la réponse immunologique, comme les nouveaux interférons et les interleukines, de même que certaines cellules spécialisées comme les NK (*Natural Killer*), les lymphocytes activés et certains vaccins spécifiques ont été mis au point et sont déjà utilisés en immunothérapie oncologique, avec un certain succès comme c'est déjà le cas pour le mélanome et le cancer du rein. En ce qui concerne le sein, l'immunothérapie a jusqu'à présent été plutôt décevante, sans doute à cause d'une mauvaise utilisation.

Génétique moléculaire et cancérisation

Virus mis à part, d'autres éléments comme la cigarette, la pollution, la mauvaise alimentation et même les radiations, rayons ultra-violets, ou autres, favorisent la cancérisation. Pour mieux comprendre, il faut aborder ici la cancérogenèse sous son aspect de biologie moléculaire qui, nous l'avons vu, offre une dimension nouvelle aux trois étapes déjà citées : relocalisation, amplification et mutation génique concernant la transformation d'un proto-oncogène en oncogène sous l'influence d'agents promoteurs : alimentation, pollution, tabac, etc. Les proto-oncogènes sont directement impliqués dans le processus de multiplication et de différenciation cellulaire.

Comme nous l'avons déjà souligné, ils sont capables d'acquérir un pouvoir transformant après altération de leur structure par les agents promoteurs. Ils deviennent alors des oncogènes ou gènes du cancer. Les membres de la famille des oncogènes appelés *RAS* sont les plus communs. Ils sont décelés dans environ 20 % de tous les cancers humains. On a ainsi observé la présence d'un plus grand nombre d'oncogènes **dans certains cancers très agressifs du sein** avec pronostic défavorable.

A l'inverse, existent aussi des gènes suppresseurs, gènes de régulation ou anti-oncogènes qui ralentissent la croissance tumorale. Ce sont eux qui, lors d'altérations de l'ADN, arrêtent le cycle cellulaire à certains «check points» pour permettre la réparation des dommages. Une fois cette réparation terminée, le cycle cellulaire redémarre. Les oncogènes font le contraire et, ignorant les «check points» ne laissent pas le temps à l'ADN de se réparer, d'où l'évolution ou progression des altérations vers la cancérisation.

Plusieurs anti-oncogènes ont été identifiés : le gène Rb (rétinoblastome), **le gène p53** (protéine de poids moléculaire 53 000), le gène p16, etc... Ainsi, on retrouve souvent, dans plusieurs cancers humains, une mutation du p53 situé sur le chromosome 17p. L'incidence familiale de certains cancers du sein est due à une inactivation de ce p53, c'est le syndrome de Li-Fraumeni. Or, en se liant à l'ADN en phase de multiplication, le p53 peut arrêter cette duplication.

Génétique moléculaire et applications en oncologie

La découverte de ces gènes suppresseurs représente une étape clé de la cancérogenèse et est d'une grande importance en oncologie. Ces altérations géniques deviennent un *instrument de dépistage* hors pair pour les groupes à haut risque, avant même que la maladie ne soit déclarée.

Toute patiente présentant des anomalies génétiques sur ces gènes suppresseurs pourrait faire l'objet d'un dépistage beaucoup plus précoce qu'actuellement. De même, ils pourraient jouer un rôle important quant *au pronostic* dans les cas de cancer établi, déjà diagnostiqué, et ainsi assurer grâce à un ciblage plus précis, une meilleure programmation des traitements : chimiothérapie classique ou non, intensive ou non, d'où l'individualisation des traitements, etc. Ainsi, on a observé que plus il y avait d'anomalies sur les gènes suppresseurs p53, p16, moins les pronostics des tumeurs malignes étaient favorables. Un prélèvement directement sur la tumeur, en dosant une protéine anormale dans les cellules cancéreuses peut détecter les anomalies du gène de régulation p53. D'après le professeur Thierry Soussi de l'Institut de génétique moléculaire à Paris, il existerait aussi chez ces malades des anticorps dirigés contre cette protéine décelable par une simple analyse sanguine. Ce dosage d'anticorps pourrait donc être utilisé dans le suivi des patientes afin de contrôler les résultats des traitements.

Il devient de plus en plus évident qu'il existe des différences qualitatives entre les cellules cancéreuses et les cellules normales et non plus seulement des différences quantitatives comme on le croyait jusqu'alors. On vient de découvrir une molécule qui provoque le «suicide» rapide des cellules cancéreuses ! Tout en épargnant les cellules saines. (Ces découvertes devraient nous fournir un énorme levier, à nous de l'exploiter !)

Les manipulations géniques

Autre voie d'avenir : les manipulations géniques. En effet, des études en laboratoire ont démontré que le remplacement d'un gène suppresseur, muté par un anti-oncogène normal, permet de régulariser les gènes et ainsi de redifférencier les cellules cancéreuses en cellules normales. Même si plusieurs types d'anti-oncogènes ont muté, le remplacement d'un seul de ces types est parfois suffisant pour produire cet effet.

Lors du 5ème Congrès international sur la chimiothérapie anticancéreuse «néo-adjuvante», adjuvante et expérimentale, tenu à Paris en février 1996 et aussi en 1997 on a beaucoup parlé de thérapie «anti-sens» à l'aide d'oligo-nucléotides et d'antifacteurs de croissance très prometteurs pour compléter les traitements actuels. Les thérapies géniques s'attaquent directement aux sources du problème. On peut toujours tenter de redresser l'image du téléviseur en tapant plus ou moins fort sur le meuble mais il vaut mieux connaître son fonctionnement et effectuer une réparation efficace pour de meilleurs résultats à long terme. On pourra bientôt administrer des gènes thérapeutiques aux cellules des patientes atteintes d'anormalités génétiques.

On effectue actuellement, à l'échelle mondiale, énormément de recherches en thérapies géniques. Quand connaîtrons-nous les retombées cliniques de toute cette activité scientifique? Évidemment, les problèmes sont multiples: isoler les gènes, produire suffisamment d'ADN pour les besoins du traitement, purifier les populations cellulaires réceptrices de ces gènes, inoculer les gènes dans ces cellules et réinjecter ces dernières au patient.

L'expérience écossaise sur le clonage est une grande réussite en manipulation génique qui va ouvrir des horizons aussi fascinants qu'effrayants; si utilisé humainement et légalisé intelligemment. Il faut évidemment s'assurer qu'il n'y ait aucun risque pour le patient. La science croyait que les cellules adultes bien différenciées ne pouvaient pas revenir en arrière, au même titre que les cellules cancéreuses indifférenciées ne se différenciaient pas.

Alors que l'on commence à penser et à agir de plus en plus différemment.

Même sans encore d'évidence flagrante de son efficacité clinique, l'ingénierie génique semble, pour le moins, présenter peu de risques. Plusieurs cas de cancers furent ainsi traités avec succès bien qu'évidemment leurs résultats à long terme ne soient pas encore disponibles. Même si nous ne connaissons pas tout sur la régulation des gènes humains, déjà quelques voies cliniques s'ouvrent, telles l'insertion de gènes à résistance multiple pour protéger la moelle osseuse permettant ainsi des chimiothérapies plus efficaces. D'autres percées s'annoncent avec la théorie «anti-sens» et l'utilisation d'oligonucléotides. Plusieurs de ces techniques sont encore expérimentales, et on ne doit pas s'attendre à des résultats pour demain. La bonne nouvelle est que nous en savons maintenant assez, dans le domaine du cancer, pour considérer qu'il n'existe pas de problème insoluble ou insurmontable, surtout avec la venue des chromosomes artificiels

Les métastases

Lorsqu'on a diagnostiqué la tumeur primaire, entre le tiers et la moitié des patientes présentent déjà des micrométastases à distance, non détectables mais dont un certain pourcentage apparaîtront plus tard et ce en dépit des traitements adjuvants.

Des stratégies innovatrices existent et il faudrait, idéalement, effectuer davantage d'analyses moléculaires des tumeurs pour mieux cibler les traitements. Les découvertes récentes en cytogénétique laissent entrevoir de nouveaux espoirs au niveau diagnostic, stadification ou «staging» et thérapeutique.

Actuellement, les traitements systémiques de chimio-thérapie et d'hormonothérapie plafonnent. Des chercheurs, comme I. J. Fidler et Judah Folkman, ont consacré leur carrière à l'étude de la biologie du cancer, au point de vue de l'envahissement et des métastases. Ils ont cerné certains facteurs de crois-sance et certains facteurs angiogéniques essentiels à la propagation locale et à distance du cancer. C'est une autre voie de recherche prometteuse. **Les fac-teurs anti-angiogéniques**, en bloquant la formation de vaisseaux sanguins induite par la tumeur, empêchent les cellules cancéreuses de créer le réseau de capillaires indispensables à leur nutrition, donc à leur implantation, leur survie et leur développement. A cet égard, un gène a déjà été cloné : le r-TMP qui aurait le double effet de con-trôler les protéases et l'angiogenèse.

Chez l'animal, des recherches récentes ont démon-tré que le fait d'enlever la tumeur initiale aug-menterait la croissance des métastases à distance. Un peptide (une protéine) a été identifié : *l'angiosta-tine* qui permettrait de diminuer cette croissance.

Si, après avoir enlevé la tumeur initiale, on donnait cette angiostatine aux patientes, il serait possible de limiter sensiblement, sinon arrêter complètement la croissance des métastases. La recherche en est encore au stade expérimental mais cette approche semble gagner du terrain et confirme le bien-fondé des traitements primaires de chimiothérapie et ou d'hormonothérapie, (avant l'opération).

On a aussi détecté des facteurs géniques, comme le gène *erb²* amplifié, dans plus de 30 % des cancers du sein à plus mauvais pronostic. Des anticorps monoclonaux contre ce gène sont à l'étude. Patricia Steeg et Lance Liotta du NCI, ont découvert un gène le nm-23 qui pourrait diminuer la progression métastatique en empêchant la création intracellulaire du fuseau mitotique, étape essentielle de la division cellulaire.

Savoir sans encore pouvoir

Idéalement, tout ce savoir devrait pratiquement déboucher sur des applications cliniques et ce, dans des délais raisonnables. Après tout, le patient ne dispose pas de dizaines d'années pour attendre des applications thérapeutiques pouvant le soulager, voire le sauver ! *En sommes-nous arrivés à un large savoir, sans trouver le pouvoir clinique correspondant ?* Malgré les nombreuses promesses du passé... Lorsqu'on considère, par exemple qu'il a fallu plus de vingt-cinq ans pour que la tumorectomie (qui permet de préserver le sein) soit reconnue comme aussi efficace que les mastectomies radicales, classiques ou modifiées ; 25 ans encore, toujours dans le cancer du sein, pour reconnaître que la chimiothérapie actuelle améliore la survie globale à long terme de 10 % à 15 %, toute personne atteinte est en droit de se demander si on lui offre vraiment ce qu'il y a de mieux et de plus moderne pour la traiter.

Nous faisons face, malheureusement, à un plafonnement des différentes thérapies courantes. Au fil des ans, nous avons constaté que *« plus n'est pas mieux »*, qu'il s'agisse de chirurgie, de radiothérapie et peut-être même de chimiothérapie... Ce qui ne signifie pas que toutes les thérapies actuellement utilisées sont inefficaces. Combinées, elles offrent un pourcentage valable de guérisons. Mais encore une fois, un plafonnement s'est créé. Les rémissions cliniques complètes et même les rémissions cytologiques complètes sont loin d'être toujours des guérisons à long terme. D'après Emil J. Freireich, du M.D. Anderson Cancer Center de Houston, dans certaines leucémies, par exemple, après des traitements de chimiothérapie appropriés et d'interférons, on peut ne retrouver aucune cellule cancéreuse mais, s'il y a persistance d'anomalies chromosomiques, comme «le chromosome de Philadelphie», les rechutes sont probables. Il soutient même que le but du traitement consiste à éliminer cette anomalie cytogénétique et pas seulement détruire les cellules cancéreuses. L'analyse cytogénétique est plus difficile à réaliser dans les tumeurs solides comme le cancer du sein, par opposition aux tumeurs hématologiques (sanguines) comme les leucémies, mais le principe reste le même. Les patients atteints de cancer plus ou moins guérissables aujourd'hui devraient garder l'espoir que d'ici quelques années de nouvelles découvertes pourraient leur venir en aide. Ceci s'est bien produit pour des grandes maladies comme la poliomyélite, la tuberculose et plus récemment les ulcères de l'estomac et du duodénum, etc...

Nouveaux objectifs

Ainsi, tout en procédant à l'éradication des cellules cancéreuses, il s'agira également de tenter, après les thérapies de destruction massive (cytoréductrices), de rediférencier, par des manipulations appropriées, les cellules cancéreuses résiduelles en cellules normales grâce aux biothérapies: nouveaux interférons, rétinoïdes, interleukines, analogues de la vitamine D3, anti-facteurs de croissance, facteurs anti-angiogéniques, thérapies géniques, seuls ou combinés, etc... qui compléteront les traitements classiques.

Nouveaux défis de la recherche

Pour éviter le risque de «comparer des pommes et des oranges», certaines méthodes de la recherche clinique devront être raffinées, en tenant compte, par une stratification appropriée, de l'éventail du génotype des tumeurs. Bien que les grands essais thérapeutiques, incluant les méta-analyses, poursuivront leur rôle important quant à certains aspects de la recherche développementale, ils ne devraient pas constituer le seul critère de recherche clinique acceptable. Ils offrent cependant l'avantage d'obtenir des résultats valables quand il y a participation d'un grand nombre de patients. Mais, ils présentent aussi l'inconvénient d'exiger beaucoup de temps, de coûter très cher et parfois de devenir désuets avant même d'être complétés.

Il m'apparaît de plus en plus que les sciences fondamentales et nos nouvelles connaissances sur la biologie du cancer, progressent plus rapidement que les essais thérapeutiques officiels sont capables d'assimiler, confirmer et prouver.

Est-ce «savoir sans encore pouvoir»? Le cancer est une maladie possiblement mortelle et le patient, comme nous l'avons dit, ne dispose pas de dizaines d'années avant de profiter des recherches, d'où la nécessité de réduire l'intervalle entre recherche fondamentale, application en recherche clinique ou développementale, et finalement, accessibilité aux soins des patients atteints. Nos connaissances progressent en oncologie, mais nous ne pouvons pas toujours les appliquer aux traitements des patients, souvent à cause des lourdeurs administratives qui freinent le progrès. Il ne s'agit pas uniquement d'une question de coûts. Si le patient n'a pas d'assurance privée, ou d'accès aux programmes de sécurité sociale ou encore s'il n'est pas admissible aux protocoles de recherche, le coût des nouveaux médicaments peut représenter un obstacle majeur. Quelquefois même, le traitement doit être modifié en conséquence. Cette question de coût revient souvent, en cette période de coupures budgétaires. D'une part, les nouveaux médicaments anticancéreux, comme les Taxanes, l'interféron et les interleukines, les stimulants des globules blancs, les greffes autologues de la mœlle, etc., coûtent très cher. D'autre part, des économies substantielles sont possibles grâce aux traitements chirurgicaux plus économes, aux hospitalisations de courte durée, aux chirurgies d'un jour, etc. Si on y ajoute une nette amélioration de la survie et de la qualité de vie des patientes, le rapport coûts-bénéfices est valable.

Les solutions

En fait, nous pouvons parler de trois axes de solutions. Le premier réside dans une collaboration accrue entre les oncologues et pas seulement ceux du Québec. A l'inverse, on peut souhaiter moins de travail isolé à tous les niveaux : entre hôpitaux, universités ou même entre pays différents. Il faudrait aussi favoriser la collaboration et le travail d'équipe entre chercheurs fondamentalistes et chercheurs cliniciens, ainsi qu'entre l'industrie pharmaceutique, les groupes de recherche et les organismes gouvernementaux. Certains oncologues se considèrent comme des compétiteurs alors que l'adversaire est le cancer !

Le deuxième axe concerne la recherche prospective, contrôlée et randomisée, qu'on devrait remettre en question, au point de vue lourdeur méthodologique, en tant que seule recherche clinique acceptable. En présence de véritables percées, certaines études pilotes ou individuelles peuvent aussi être d'une grande portée. Il est d'ailleurs pertinent de constater que *toutes* les découvertes ne sont pas tributaires de ces études. Comme l'écrit le professeur Lucien Israël dans la préface de ce volume, *« la médecine reste un art, celui d'appliquer des traitements dont tout n'est pas connu au niveau moléculaire, à des individus jamais comparables »*. Comment quantifier et stratifier dans les grandes études prospectives, contrôlées et randomisées la qualité de vie, le niveau socio-économique et la volonté individuelle de guérir, qui sont des facteurs de pronostic importants de plus en plus reconnus, mais difficiles à jauger ? Au point de vue des thérapeutiques, on ne misera pas uniquement sur la destruction de toutes les cellules cancéreuses, mais plus sur la prévention à tous les niveaux (stades) et aussi sur la redifférenciation ou reconversion des cellules cancéreuses pour en arriver au « milieu intérieur » normal. Maintenant on comprend mieux les mécanismes géniques de la cancérisation.

Le troisième axe des solutions consisterait à appliquer la biologie moléculaire sur une plus grande échelle et favoriser sa plus grande disponibilité dans les soins modernes, grâce à la formation de professionnels hautement spécialisés en génétique moléculaire : pathologistes, hémato-oncologistes, cytogénéticiens, chercheurs, etc., avec un personnel de soutien approprié, comme on l'a vu au début des années 70 pour la cytologie morphologique. Grâce aux progrès en biologie moléculaire détaillée qui ont déjà fait leur apparition, il sera d'autant plus facile de prévoir chez quelle patiente le cancer risque de récidiver et appliquer des traitements individualisés, plus précis et de moins en moins mutilants, sans être nécessairement plus toxiques. Ainsi, les dissections des ganglions axillaires, qui devraient déjà avoir diminué grâce aux marqueurs tumoraux actuellement disponibles, deviendront souvent désuètes avec les données des analyses géniques. Heureusement, des progrès importants dans la recherche fondamentale, la génétique et la biologie moléculaire permettront des percées évitant bien des discussions byzantines et des contradictions dans certaines études, même rigouseuses. Par exemple, en connaissant mieux l'expression de divers oncogènes dans le cancer du sein, on constate qu'il existe, non pas **un** cancer du sein, mais **des** cancers du sein, *avec des composantes cytogénétiques différentes;* ce qui explique qu'on en guérit certains facilement et qu'on échoue chez d'autres, comme je l'ai déjà mentionné. Chaque oncogène est susceptible de posséder plusieurs altérations dont les conséquences sont, sans doute, variables. Dans l'avenir, ces nouvelles notions permettront de ne plus comparer «des pommes avec des oranges», et d'éviter ainsi les généralisations dans les traitements : par exemple, l'utilisation systématique et généralisée de radiothérapie et chimiothérapie à toutes les patientes porteuses de cancer du sein.

En guise de conclusion

Les moyens thérapeutiques utilisés actuellement dans le cancer du sein ne sont pas aussi efficaces qu'on le souhaiterait, soit parce qu'ils plafonnent ou qu'ils ne sont pas administrés de façon assez ciblée.

La technique du clonage va éventuellement permettre des manipulations géniques impensables auparavant. Une fois les problèmes d'éthique résolus légalement, Dolly ouvre la voie à de nombreuses applications médicales et oncologiques en particulier.

Les progrès en oncologie sont multiples, moins qu'on le souhaiterait quant à la survie, mais certainement très valables en terme de qualité de vie. Il est intéressant de constater que, parfois, c'est sous la pression des femmes et de quelques pionniers, que les choses avancent dans certains domaines et que ce n'est pas toujours dû aux résultats de grandes études scientifiques comme ce fut le cas pour les traitements non mutilants des cancers du sein. Il en sera vraisemblablement ainsi de la **chimiothérapie et de l'hormonothérapie préopératoires ou primaires**. Elles prendront probablement 5 ou 10 ans encore à se « prouver » scientifiquement, alors qu'à l'usage elles donnent déjà de très bons résultats, certainement aussi satisfaisants pour la survie, que si la chimiothérapie était administrée en deuxième ligne, avec entre autres avantages, beaucoup plus de préservation du sein résultant de la diminution importante de la taille des tumeurs. Autre exemple de thérapie qui s'implante sans grandes études prospectives, contrôlées et randomisées : lors de récidives locales du cancer du sein, souvent, le même sein peut être de nouveau préservé avec d'aussi bons résultats que si le sein avait été enlevé.

Même si on ne pratique pas soi-même de biologie moléculaire, sa connaissance permet de mieux comprendre la nature du cancer, pour mieux le traiter. Ces notions permettent de saisir pourquoi le dépistage par mammographie n'apporte pas autant de résultats que certains l'espéraient dans l'amélio-ration de la survie. Elles permettent aussi de mieux comprendre pourquoi les différentes formes de traitements loco-régionaux n'influencent pas la survie, d'où l'importance *de ne pas mutiler*. De plus, ces notions justifient confiance et optimisme face aux problèmes du cancer qui ne devraient plus nous apparaître insolubles ou insurmontables.

La génétique moléculaire devient l'oncologie d'aujourd'hui.

CANCER. What cutting-edge science can tell you and your doctor about the causes of cancer and the impact on diagnosis and treatment. Robert M. McAllister, M.D., Sylvia Teich Horowitz, Ph. D., Raymond V. Gilden, Ph. D., BasicBooks division of HarperCollins Publishers Inc., NewYork, 1993.

Chapitre 14

Les cas moins courants

« La vérité souvent réside dans les nuances »

Dicton anonyme

Introduction :

Tout au long de ce livre, nous avons surtout parlé du cancer du sein dans ses manifestations les plus générales. Parallèlement à celles-ci, apparaissent des cancers du sein à fréquence et présentation plus rares. Voilà ce que nous appelons les cas moins courants, par exemple :

Le cancer du sein chez l'homme :

Le cancer du sein chez l'homme est une maladie rare. Il représente moins de 1 % de l'ensemble des cancers du sein. Des études épidémiologiques laissent supposer une incidence familiale importante.

L'étude de la présence de récepteurs hormonaux chez les hommes, atteints du cancer du sein, montre que celui-ci serait hormonodépendant dans 80 % des cas. Chez les hommes, les cancers du sein apparaissent plus tard. Même à un stade avancé, ils présentent rarement des métastases au niveau des ganglions axillaires. Cependant les écoulements sanguinolents ou sérosanguinolents sont fréquents. Leur pronostic de survie est plus faible, car ils sont souvent diagnostiqués tardivement à cause de leur rareté. Une mastectomie totale est fréquemment nécessaire car le sein étant petit, le mamelon est vite envahi. Un traitement adjuvant au tamoxifène est souvent recommandé car il améliore la survie.

Le cancer du sein chez la femme enceinte :

L'incidence du cancer du sein chez la femme augmente avec l'âge. Parmi toutes les femmes chez lesquelles se déclare un cancer du sein, 1 % à 2 % sont enceintes au moment du diagnostic. De nos jours, les femmes ont tendance à avoir leur première grossesse plus tardivement et on remarque que le cancer du sein augmente chez les femmes jeunes. Par conséquent, le taux de femmes enceintes atteintes de cancer risque fort d'augmenter.

En ce qui concerne le diagnostic, le principal problème réside dans les modifications mammaires accompagnant la grossesse et qui vont brouiller les cartes du point de vue clinique. Si une bosse n'est pas repérée dans les premiers mois de la grossesse, elle risque fort de passer inaperçue par la suite, le sein devenant plus gros, plus ferme, plus dense et plus congestionné. À cause du risque d'irradiation du fœtus par les rayons X à l'abdomen, les mammographies chez les femmes enceintes sont bannies. Par contre, l'échographie et la cytoponction à l'aiguille fine sont ici des moyens diagnostiques de choix. La biopsie chirurgicale trouve sûrement son application, bien que les biopsies à l'aiguille aient tendance à la supplanter. Pour éviter une anesthésie générale qui occasionnerait des risques pour le fœtus, la règle d'or est de favoriser les biopsies à l'aiguille fine, ou au trocart téléguidée («core needle biopsy») qui ramèneront une carotte tissulaire. D'où l'importance pour le spécialiste de bien savoir pratiquer les deux types de biopsies à l'aiguille, qui dans la majorité des cas, vont fournir un diagnostic précis, même s'il faut répéter ce test en cas de doute.

S'il faut absolument opérer pendant la grossesse, le chirurgien doit être particulièrement minutieux vis-à-vis de la cautérisation des vaisseaux sanguins et aussi être très vigilant face aux mesures aseptiques afin d'éviter les infections, plus fréquentes dans ces cas à cause de la présence possible de lait.

La radiothérapie (une fois le diagnostic et l'opération effectués) doit, pour être efficace, utiliser des doses nettement trop fortes pour le fœtus, même si celui-ci n'en reçoit que 10 %. Il est préférable de reporter les traitements radiothérapeutiques après la grossesse. La question de savoir si on entreprendra ou non une chimiothérapie chez une femme enceinte, doit s'étudier cas par cas avec plusieurs spécialistes réunis pour analyser les avantages et les risques possibles. En général, plusieurs consultations sont prévues, incluant le gynécologue-obstétricien et l'oncologue. On obtient un consensus suivant le nombre de semaines de grossesse. Parfois, l'accouchement peut être précipité quand la grossesse est presque à terme et que le bébé est viable. Les traitements du cancer chez la mère peuvent alors être commencés normalement.

La philosophie moderne devant l'avortement thérapeutique consiste généralement à renoncer à cette intervention dans le seul but d'augmenter les chances de survie. De plus, un avortement pourrait être moralement difficile à supporter par la patiente. L'expérience nous a montré que c'est le cancer qu'il faut arrêter et combattre et non la grossesse... Pour appuyer cette thèse, les statistiques rassemblées au cours de plusieurs décennies, démontrent clairement que les taux de survie chez les femmes enceintes atteintes d'un cancer du sein sont à peu près les mêmes que chez les femmes non-enceintes du même âge, excepté dans le cas des cancers aigus. En ce qui concerne une deuxième grossesse, la recommandation médicale est d'attendre une période de 2 à 3 ans. Ici, d'autres aspects devraient être pris en considération et ce, avec l'avis du conjoint. Si le cancer initial a un mauvais pronostic, il est préférable que la patiente laisse plus de temps s'écouler sans nouvelle grossesse et observe la situation. Si, par contre, le cancer initial est bien contrôlé, son pronostic relativement favorable et que le couple désire ardemment d'autres enfants, le médecin ne devrait pas s'y opposer en faisant croire qu'une nouvelle grossesse viendrait aggraver le pronostic.

Cancer du sein bilatéral :

Le premier impératif diagnostique lors de l'apparition d'un cancer du deuxième sein consiste à découvrir s'il s'agit d'un cancer primaire ou d'une métastase originant du premier sein atteint. Pratiquement, on ne peut établir une distinction absolue entre les deux origines possibles du cancer. L'intervalle entre l'apparition des deux cancers donne aussi un indice quant à leur nature. Selon certains auteurs, un intervalle de plus de cinq ans nous placerait plutôt en présence d'un nouveau cancer primaire du côté opposé. En règle générale, un cancer dans l'autre sein est presque toujours un nouveau cancer primaire.

Les cancers bilatéraux sont classés en cancers bilatéraux synchrones, s'ils apparaissent simultanément et asynchrones ou métachrones si tel n'est pas le cas. Le plus souvent ils apparaissent l'un après l'autre se rangeant dans la catégorie métachrone. De tous les cancers du sein, 10 % à 20 % seront des cancers bilatéraux. Les cancers synchrones se rencontrent dans environ 2 % des cas et les métachrones dans environ 15 % des cas. Jusqu'aux années 60, il était admis à tort que le pronostic était moins favorable dans le cas d'un cancer bilatéral. Il n'y a pas si longtemps, les chirurgiens, en particulier américains, enlevaient facilement les deux seins à l'aide d'une mastectomie radicale, dès qu'il y avait un doute de cancer bilatéral. C'est ce qui est arrivé à bien des patientes, en particulier à Madame Happy Rockefeller en 1974, toujours dans le but d'éradiquer jusqu'à la dernière cellule cancéreuse. L'approche moderne avec traitements plus systémiques a changé bien des choses, tant au niveau du pronostic qui a maintenant rejoint celui de tout autre type de cancer du sein, que de la préservation, non plus de un mais des deux seins, dans bien des cas. Cette approche systémique a aussi eu pour effet de diminuer l'incidence du cancer dans l'autre sein. C'est d'ailleurs après cette découverte que le tamoxifène est utilisé dans les groupes à haut risque comme prévention primaire.

Le cancer inflammatoire :

De tous les cancers du sein, celui qui présente le pronostic le plus sombre est le cancer inflammatoire parfois appelé le cancer aigu du sein. "Lorsqu'une couleur pourpre apparaît sur la peau du sein recouvrant la tumeur et si en plus, elle est accompagnée d'un œdème cutané important avec un sein engorgé, chaud et lourd, il s'agit d'un début bien peu prometteur". Ces symptômes cliniques (tels que définis par Bell en 1816) sont accompagnés d'une masse cancéreuse infiltrante et diffuse, difficilement mesurable qui se ramifie pour atteindre les vaisseaux lymphatiques sous-cutanés. Ce cancer peut facilement être confondu cliniquement avec un processus infectieux ou abcès du sein. La biopsie à l'aiguille tranchera le débat. Du point de vue biologique, il s'agit d'un cancer très agressif à évolution rapide. C'est ce que l'école française appelle un cancer à poussée évolutive "grave" PEV3. A la thermographie, il est toujours très chaud, et même avec le dos de la main, on peut discerner une différence de température entre les deux seins. Il représente de 1% à 4% de tous les cancers, et se retrouve dans 66% des cas chez les femmes post-ménopausées. Les résultats de la mastectomie radicale furent tellement médiocres que très tôt cette forme de cancer fut classée comme inopérable. D'emblée, en opérant "coûte que coûte", un chirurgien agressif peut mettre le feu aux poudres, c'est-à-dire ensemencer le cancer et même stimuler sa croissance.

Pour les cancers inflammatoires, notre protocole de traitement a recours à une polychimiothérapie vigoureuse de première ligne suivie d'une radiothérapie cancéricide. Cette approche thérapeutique s'est révélée la plus fructueuse si suivie d'une autre chimiothérapie de consolidation. Le rôle de la chimiothérapie comme traitement initial est devenu standard. Si après la chimiothérapie primaire intensive, encore appelée d'induction, la masse cancéreuse a complètement fondu, une radiothérapie cancéricide devient, à notre avis, le traitement de choix. Le recours à la chirurgie devient de plus en plus inutile, à moins qu'il ne reste une masse tumorale résiduelle, alors une chirurgie appropriée devient nécessaire. Un suivi par des mammographies et des biopsies à l'aiguille au moindre doute permettent d'assurer qu'il n'y a pas persistance de la maladie ou récidives locales. Une fois la radiothérapie terminée, une chimiothérapie de consolidation au CMF est instaurée pour six mois. Bien que les récepteurs hormonaux soient plus souvent négatifs dans les tumeurs de ces patientes, nous utilisons néanmoins le tamoxifène à 10mg deux fois par jour, sachant bien que seulement un faible pourcentage de malades risque d'en bénéficier. Nos résultats dans ce domaine sont très encourageants et plus particulièrement en ce qui concerne les récidives locales et ce, sans chirurgie, dans la plupart des cas. Le plus grand problème ne semble pas le contrôle local de cette maladie, mais bien celui des métastases à distance. Nous pensons, comme d'autres, qu'il existe une relation quantitative de cause à effet entre les doses de chimiothérapie utilisées et la réponse au niveau de la tumeur primaire (William Peters). Nous sommes aussi d'avis qu'une extrapolation à des doses plus fortes, grâce à des transplantations de la mœlle, donne de meilleurs résultats locaux et systémiques. Une extension logique pour certains de ces cas à très mauvais pronostic se lirait comme suit :

1 : Une combinaison de fortes doses de chimiothérapie cytoréductrice d'induction comme l'uti-

lise le Dr William Peters, de l'Université Durham en Caroline du Nord,

2 : suivie d'une radiothérapie cancéricide,

3 : suivie d'une chimiothérapie à mégadose associée si possible à une transplantation autologue de la mœlle assistée de facteurs de croissance.

Jusqu'à maintenant, nous n'avons que quelques douzaines de cas, qui évoluent d'une façon encourageante à l'aide de ces nouveaux traitements. Malheureusement, ce type de traitement est très coûteux. De plus, une rémission complète du cancer ne signifie pas nécessairement une guérison...

Cancers intracanalaires non-infiltrants dits : « in situ ».

Ce sont des cancers du sein à bon pronostic et souvent précoces, sans qu'il y ait encore d'envahissement à travers la paroi des canaux. Les cancers intracanalaires « in situ » sont découverts de plus en plus fréquemment, grâce aux mammographies de dépistage, car ils contiennent souvent des microcalcifications (petits dépôts de calcium) facilement repérables sur les mammographies, et suspectes de cancer. Lorsque ces microcalcifications sont conglomérées, sous forme de bâtonnets, d'apparition récente (comparées avec mammographie précédente ne montrant aucune microcalcification), elles sont encore plus suspectes. Souvent, ces cancers ne sont pas palpables et ne sont diagnostiqués que par une biopsie chirurgicale ou, de plus en plus, par biopsie à l'aiguille "tru-cut" sous stéréotaxie mammaire. Pour les guérir, il suffit de les exciser assez largement, après avoir inséré un guide ou harpon métallique d'une façon téléquidée sous contrôle radiologique, tout près de la lésion. Le chirurgien n'aura qu'à suivre le guide pour parvenir au bon endroit et avoir la certitude qu'il a enlevé la lésion visée, tout en sacrifiant le moins de sein possible. Il faut aussi s'assurer de l'intégrité des marges si l'on veut obtenir de bons résultats. La dissection de l'aisselle ne se fait plus pour ces cancers qui ne donnent pas de métastases ganglionnaires, ou si rarement, que l'on n'en tient pas compte. Une radiothérapie appropriée est en général administrée en postopératoire, surtout si la tumeur était diffuse. Pour les très petits cancers intracanalaires «in situ» avec des marges saines, la radiothérapie est moins justifiée surtout chez les patientes postménopausées. Par contre, on a de plus en plus tendance à recommander l'emploi du tamoxifène et ce pour au moins cinq ans. Sans un traitement suffisant, ces cancers peuvent récidiver, devenir envahissants et développer des métastases. Les mastectomies totales ne sont que très rarement justifiées, à moins que ces cancers intracanalaires soient diffus, multicentriques ou occupant plusieurs quadrants du sein.

Le cancer du mamelon ou maladie de Paget :

Au siècle dernier, un grand chirurgien anglais, Sir James Paget, décrivait une lésion du sein qui commençait par un eczéma du mamelon. La peau de ce dernier devenait croûtée, un peu rougeâtre et cette "maladie de peau" du mamelon ne guérissait jamais. En fait, il s'agissait d'une certaine forme de cancer du sein commençant dans les canaux galactophores en dessous de l'aréole et qui s'étendait le long des canaux, en surface, à la peau du mamelon. Il peut très bien ne pas y avoir de masse palpable en sous-jacent. Par contre, suivant le stade de la maladie, le mamelon peut se rétracter légèrement et l'eczéma continue de s'étendre à l'aréole. La mammographie montrera le cancer à l'intérieur du sein, la plupart du temps à quelques centimètres en dessous du mamelon.

Dans le passé, cette condition était souvent confondue avec de l'eczéma du mamelon et était traitée avec toutes sortes d'onguents sans résultat valable et ce, pendant des mois ou même des années. De nos jours, les médecins et les dermatologues en particulier, prennent d'emblée une petite biopsie cutanée du mamelon laquelle révèle le diagnostic. Le traitement est chirurgical. Cependant, il n'y a pas, comme par le passé, nécessité de pratiquer une mastectomie totale de routine à moins que la lésion ne soit très avancée. Dans la majorité des cas, le sein peut être préservé, bien que le mamelon et l'aréole aient souvent besoin d'être excisés en partie ou en totalité, sauf si la lésion est très petite. Il faudra aussi accorder une attention particulière aux ganglions sous l'aisselle. Une radiothérapie sera donnée en post-opératoire, souvent accompagnée de tamoxifène, en particulier si la patiente est postménopausée.

Conclusion :

Nous avons passé en revue dans ce chapitre différentes sortes de cancers du sein moins courants, qui démontrent que le cancer du sein n'est pas une entité, mais bien un ensemble de multiples maladies malignes, ayant souvent des étiologies et des comportements différents, d'où la nécessité de traitements individualisés. Aux deux extrèmes de gravité, on voit d'un côté le cancer inflammatoire du sein, un des pires par son comportement biologique, avec une tendance rapide à se généraliser (rappel de l'image de notre oiseau sur lequel on voulait poser une cage sans toit). Il faudra de fortes doses de chimiothérapie, suivie de radiothérapie et pour compléter, des mégadoses de chimiothérapie pour essayer de contrer cette terrible maladie, avec des résultats aléatoires. De l'autre côté, les cancers intra-canalaires «in situ» se guérissent à 98% sans mutilation, sans chimiothérapie; (un peu comme essayer d'attraper et de maîtriser une tortue).

Cette grande variabilité du cancer du sein se désigne en termes médicaux "l'hétérogénéité". Celle-ci devrait permettre une certaine individualisation des traitements, même si l'on ne connaît pas tout sur le cancer. Malheureusement, la grande hétérogénéité des cancers du sein n'est pas toujours recherchée ou même reconnue, et certaines patientes risquent d'être traitées d'une façon par trop uniforme ou standard, à cause d'un certain conformisme pathologique qui peut prévaloir dans certains milieux médicaux.

Chapitre 15

Rédaptation physique, psychologique et soins d'appui

> « *On ne peut rien enseigner à autrui, on ne peut que l'aider à se découvrir en lui même* ».
>
> Galilée

> « *Mieux vaut prévenir que guérir* »
> *(Praestat cautela quem medela)*
>
> Dicton latin médiéval

Introduction :

En 1997, on ne peut appeler un chapitre comme celui-ci : « soins postopératoires », car il n'y a plus d'opération automatique dans le traitement de tous les cancers du sein, et il est fort probable que d'ici l'an 2000, il y en aura encore moins ! De plus, on peut difficilement de nos jours, consacrer beaucoup d'importance au traitement des complications postopératoires, tels le lymphœdème du bras (bras enflé) ou les troubles de l'épaule du côté opéré qui deviennent des complications de moins en moins fréquentes et plutôt d'une époque révolue. Par contre, le soutien médical et le support psychologique ont acquis une ampleur considérable. La réadaptation pendant et après les traitements du cancer du sein, bien que différente, reste essentielle. Elle s'imbrique même tout au long du diagnostic pour se poursuivre lors de la planification thérapeutique, ainsi que pendant les traitements de chimiothérapie, de radiothérapie, et d'hormonothérapie, pour aboutir au cours des années subséquentes à ce que l'on appelle le suivi.

Plusieurs facteurs peuvent influencer la réadaptation après une maladie comme le cancer du sein. On les regroupe sous différents aspects : les facteurs sociaux et culturels, les facteurs médicaux et biologiques, les facteurs psychologiques et finalement les facteurs individuels. Du fait que le cancer du sein concerne un organe étroitement lié à la féminité, à la sexualité et à l'image corporelle dans son ensemble, les facteurs relatifs au cancer du sein ont fait l'objet d'un très grand nombre d'études, et sont donc maintenant bien documentés. Certaines patientes ayant connu des parentes ou amies, décédées à une époque où les traitements de chimiothérapie et d'hormonothérapie étaient moins efficaces, et réservés aux stades avancés de la maladie, peuvent exagérer involontairement les risques inhérents de mortalité. Le stress lié au cancer du sein va donc dépendre de la réaction individuelle des patientes, laquelle varie largement tant au moment du diagnostic que lors des traitements. Il est alors impératif de différencier une réaction normale d'une autre exagérée, afin de s'adapter le plus rapidement et le plus parfaitement possible aux besoins de chacune. Nous ne voulons pas minimiser ici les problèmes d'adaptation d'une personne à qui l'on vient d'apprendre qu'elle est atteinte de cancer du sein. Mais une fois la compréhension et l'adaptation bien assimilées, la patiente pourra mieux accepter et surtout participer à ses traitements. Ce chapitre traite des facteurs sociaux, médicaux et psychologiques à chaque étape de la maladie.

Les facteurs socioculturels :

Le scénario entourant le diagnostic et le traitement du cancer du sein a été, jusqu'à il y a une vingtaine d'années, relativement le même. On informait la patiente qu'elle présentait une masse suspecte et on lui faisait signer une acceptation de biopsie chirurgicale avec carte blanche de procéder à une mastectomie radicale ou radicale modifiée si, à la biopsie chirurgicale, la masse s'avérait cancéreuse. En plus des problèmes liés à la mastectomie même et de ses effets secondaires sur la mobilité du bras et de l'épaule, et le choc de constat en salle de réveil d'un sein en moins, la patiente faisait face à de multiples difficultés psychologiques : dépression, anxiété, baisse de l'estime de soi et diminution des fonctions physiques et sexuelles. En plus d'avoir à se remettre d'une opération majeure, les appuis sociaux et psychologiques, à part peut-être ceux de la famille, étaient assez rares. En passant, je désire souligner le rôle du mouvement : « Toujours Femme » (en anglais : « Reach for Recovery »), composé de femmes ayant subi une mastectomie, qui rendaient visite à des patientes récemment opérées pour les encourager et leur prodiguer des conseils. Mme Thérèse Dubois, présidente à Montréal pendant de nombreuses années, s'est dévouée inlassablement. Actuellement, ce sont les bénévoles de la Société Canadienne du Cancer qui visitent les opérées. Les tabous liés aux cancers en général et ceux encore pires liés aux cancers du sein, (car le sein est considéré comme organe sexuel), firent en sorte que le diagnostic d'un tel cancer était gardé secret. Une femme atteinte d'un cancer du sein n'en parlait pas. Aussi, grâce à l'évolution des traitements vers la préservation du sein et d'une plus grande participation du public dans le domaine de la santé, les choses ont bien changé.

Jusqu'à tout récemment, les ouvrages traitant du cancer du sein consacraient la majorité de leurs pages aux traitements chirurgicaux (mastectomies radicales et reconstructions multiples), aux exercices spéciaux en physiothérapie, traitements de l'œdème du bras et de l'ankylose de l'épaule (manque de mobilité) suite à la mastectomie radicale et surtout suite à la dissection complète de l'aisselle. En plus d'affronter leur cancer du sein, les femmes devaient subir des handicaps graves et une mutilation définitive. Les patientes n'étaient pas toujours bien informées et averties des complications qui les guettaient et se réveillaient déçues et découragées.

La réadaptation se prépare avant l'opération.

Avant les années 70, les termes: ganglions axillaires, micrométastases ainsi que plusieurs autres étaient inconnus de la majorité des femmes, de même que la possibilité de participer au choix de leurs traitements. Pour illustrer l'importance de ce changement, six états des États-Unis (Californie, Massachusetts, Wisconsin, New-Jersey, New-York et Virginie) ont légiféré pour s'assurer que les femmes puissent en toute légitimité avoir leur mot à dire en ce qui concerne le choix de leur opération. Certaines compagnies d'assurances exigent l'opinion d'un deuxième chirurgien avant de rembourser les frais d'une mastectomie radicale modifiée plus coûteuse qu'une tumorectomie. Nous nous éloignons bel et bien de la mastectomie radicale de routine. Si la crainte de se voir mutilée sans mot dire a tendance à s'estomper grâce à une meilleure acceptation des traitements conservateurs du sein parmi la profession médicale et à la juste participation qu'ont prise les femmes dans leurs traitements, les craintes et l'anxiété ont revêtu d'autres aspects. Ai-je pris la bonne décision? Tel traitement est-il aussi efficace que tel autre? Ai-je choisi le bon spécialiste? Autant de questions qui peuvent provoquer de l'angoisse si le dialogue avec le médecin n'est pas suffisant, les médecins étant souvent très occupés. On doit leur expliquer que quelque soit l'opération, **le cancer peut revenir, mais il peut aussi très bien ne jamais revenir...**

Bien que le vent tourne, à mon avis il se fait encore beaucoup trop de mastectomies radicales modifiées en Amérique du Nord. Pas plus tard qu'en octobre 1987, il y a donc à peine quelques années, une dame de la haute société américaine, madame Nancy Reagan, a subi une mastectomie radicale modifiée, pour un cancer du sein non palpable, c'est-à-dire très petit. En 1997, il devient de plus en plus rare et désuet de parler de réadaptation physique après une mastectomie radicale d'emblée, car cette dernière se pratique de moins en moins. Par contre, de nos jours, nous sommes parfois contraints de procéder à des mastectomies totales de rattrapage dans certains cas de récidives locales diffuses pouvant survenir 5, 10 ou 20 ans après le traitement initial de tumorectomie et de radiothérapie.

Il ne faut pas oublier que la perte du sein ne constitue pas le seul inconvénient. Même si le sein est préservé, la dissection de l'aisselle, encore trop souvent exécutée de routine et de façon classique, peut entraîner un certain nombre de complications. Même dans l'aisselle, **l'excès de chirurgie n'est pas nécessairement un avantage**. Il est acceptable que le chirurgien prévienne la patiente des complications possibles, mais ne serait-il pas mieux qu'il se pose la question fondamentale: «Quel avantage la patiente retire-t-elle d'une dissection radicale classique de l'aisselle? Augmente-t-elle sa survie? sa qualité de vie? La réponse est non! Ces éléments vont-ils contribuer à la décision d'un traitement de chimiothérapie? Quelquefois... Un chapitre moderne sur la réadaptation envisage plutôt les façons d'éviter les complications suite aux traitements et les décisions préopératoires adéquates pouvant éviter des souffrances à longue échéance. **Si les meilleurs soins postopératoires sont importants, la meilleure décision préopératoire l'est encore bien plus**. Une dissection «conservatrice» de la base de l'aisselle ramenant 6, 7 ou 8 ganglions est souvent suffisante. Il est superflu de disséquer le sommet de l'aisselle, y compris tous les ganglions de l'aisselle, au nombre de 20 ou 25, et de provoquer ainsi une plus grande morbidité postopératoire.

Soins et conseils après une dissection de l'aisselle:

Après dissection de l'aisselle, lors d'une mastectomie radicale modifiée ou même lors d'une segmentectomie ou tumorectomie, la patiente doit recevoir des conseils importants sur les exercices qu'elle doit suivre et sur les précautions qu'elle doit prendre. Ainsi, elle doit commencer à mobiliser son épaule dès que possible, le lendemain de l'opération et graduellement augmenter l'amplitude des mouvements. Elle ne devra en aucun cas subir d'injection dans les veines du bras du côté opéré (prises de sang, injections, solutés, etc). Si possible, elle ne devrait pas dormir sur ce côté mais plutôt de l'autre ou sur le dos, le bras du côté opéré reposant sur un oreiller. Tout le reste de sa vie, elle devra éviter les piqures d'insectes (moustiques, mouches noires, guêpes, etc), ou les griffures de chats ou de chiens. En cas de coupure aux doigts, bien désinfecter la plaie et même ne pas hésiter à consulter à l'urgence ou voir son médecin. Elle devrait aussi éviter une prise de tension artérielle du côté opéré. Tous ces conseils apparaissant comme des détails sont en fait importants pour prévenir le développement de l'œdème (l'enflure) du côté opéré, car la circulation lymphatique reste précaire pendant toute la durée de la vie de la patiente.

La prise de décision :

Aujourd'hui, la plupart des femmes atteintes de cancer du sein sont très vite sensibilisées à la pluralité des traitements disponibles. Malheureusement, il n'existe pas réellement de «meilleur» traitement au sens d'une unique thérapie capable de bien traiter tous les cancers du sein (il en est de même pour les cancers de la prostate). Nous l'avons vu : l'ère de la mastectomie radicale même modifiée est de plus en plus désuète. À l'heure actuelle, nous savons qu'il existe différentes options et la patiente aura son mot à dire dans leurs choix. De même, les statistiques officielles concernant la survie selon tel ou tel traitement sont maintenant à la disposition du grand public. Ces statistiques peuvent faire l'objet d'interprétations assez différentes d'un médecin à l'autre, et en plus elles ont été souvent compilées il y a déjà plus de cinq, dix ou quinze ans! Elles reflètent donc une réalité qui n'est pas toujours la plus récente. Ceci illustre bien le glissement qui s'est produit depuis l'époque où le stress de la patiente découlait d'un manque total de renseignements jusqu'à aujourd'hui, où l'abondance d'informations peut causer un stress nouveau de nature différente. Cette récente situation est très exigeante à la fois pour la patiente, qui doit assimiler plusieurs connaissances à un moment de sa vie particulièrement angoissant et pour le spécialiste qui, tout en maintenant ses connaissances scientifiques à jour, entretiendra un dialogue constant avec sa patiente afin de s'assurer que celle-ci comprenne bien la base de ses traitements et le rôle des traitements combinés, d'hormonothérapie et de chimiothérapie en particulier. La chimiothérapie n'est certes pas facile à supporter mais elle justifie les avantages qu'on peut en espérer; surtout chez les patientes préménopausées. Tout se mérite. L'hormonothérapie au tamoxifène requiert également beaucoup d'informations, d'encouragements et de surveillance et ce pendant au moins cinq ans.

Les diverses étapes que devra traverser une patiente atteinte de cancer du sein seront accompagnées de problèmes psychologiques qu'elle devra tenter de surmonter. Aux États-Unis, nous l'avons vu, dans certains états, la loi oblige le spécialiste à offrir les deux options à ses patientes (mastectomie ou tumorectomie). Il reste que le verdict va souvent dépendre de la façon dont le cas est présenté à la patiente. Si son chirurgien entretient des préjugés envers la tumorectomie, il est fort probable que la patiente finisse par «choisir» la mastectomie. Quant à la question d'une deuxième opinion, le chirurgien peut lui proposer une consultation avec un collègue qui souvent est issu de la même école... À ce point de vue, le médecin de famille peut aussi conseiller la patiente s'il est assez versé dans ce domaine. Au Québec ou au Canada, de telles obligations n'existent pas; seule la volonté de la patiente bien informée d'éviter la mastectomie l'incitera à demander un deuxième avis. C'est là un élément important de stress et ce à deux niveaux. D'abord bien des patientes craignent de «vexer» leur médecin en demandant ainsi un deuxième avis. Il est difficile pour elles, dans cette période très pénible de leur vie, de se rendre compte qu'il s'agit de leur sein et de leur propre intégrité physique, ce qui prévaut sur l'opinion de leur médecin vis-à-vis d'elles. Une fois la deuxième opinion obtenue, plusieurs questions se posent. A quel spécialiste faire confiance? Comment savoir choisir un chirurgien expérimenté et bien renseigné? Quel traitement donne le maximum de chances? Dans le climat de peur créé par le diagnostic d'un cancer, la prise de telles décisions augmente le stress de façon sensible. Des études ont clairement démontré que la relation patiente-médecin est primordiale pour atténuer stress et angoisse.

Le processus de prise de décision pourrait être largement amélioré, tant à l'avantage de la patiente (diminution du stress) qu'à celui du clinicien. Ces améliorations participent aux trois secteurs suivants:

Information:

Il est souhaitable d'avoir recours à du matériel audio-visuel, des vidéocassettes et de la documentation écrite complétant l'information existante afin de bien faire comprendre aux patientes le déroulement du traitement et de la réadaptation.

Infirmières spécialisées en cancer du sein

Ces infirmières sont très utiles à la fois aux patientes et aux médecins. Auprès des patientes, elles peuvent apporter évaluation, soutien psychologique et l'information concernant les traitements. Elles expliquent les décisions du médecin, aident la patiente à formuler ses questions et s'assurent que celle-ci en sait suffisamment sur sa maladie pour ne pas être victime de faux renseignements ou préjugés. En outre, l'infirmière peut, par la suite, transmettre au médecin les informations recueillies auprès de la patiente. Ainsi, l'infirmière constitue un soutien appréciable pour la patiente et un appui de valeur pour le médecin.

Recherche

Les changements dans la pratique médicale, qui ont fait d'une patiente passive et peu informée, une femme sensibilisée, de mieux en mieux informée et active dans son traitement, ont créé de nouvelles exigences chez les patientes. Le processus décisionnel, émotionnel et psychologique entourant cette nouvelle approche médicale devient un objet de recherche afin d'optimiser les traitements.

Facteurs médicaux :

Le niveau de détresse ne sera pas le même lors d'un diagnostic avec bon pronostic que lors d'un mauvais pronostic. La conservation du sein améliore certainement le moral des patientes. Le cabinet de consultation du médecin et l'hôpital deviennent pour elles, pendant un certain temps une sorte de résidence secondaire. L'attitude du personnel médical, technique et administratif peut représenter autant d'éléments favorables ou défavorables pour la patiente. Étrangère à ce nouvel environnement qu'est l'hôpital et déjà aux prises avec un cancer du sein impliquant beaucoup de stress au niveau rationnel et émotionnel, elle sera particulièrement sensible au comportement du médecin traitant, des infirmières, des techniciennes médicales et des réceptionnistes. Une attitude dévouée et humaine de la part du personnel hospitalier donnera à la patiente confiance et assurance. L'inverse entraînerait angoisse accrue et sentiment d'insécurité. Il faut comprendre qu'en état de grand stress, les sentiments peuvent évoluer rapidement pour des motifs qui sembleraient futiles à des personnes ne vivant pas ces émotions. Tout le personnel d'un service d'oncologie doit être conscient de ces éléments afin que leur rôle ne se limite pas à l'aspect physique de la maladie mais contribue aussi à l'équilibre psychologique et émotif de la patiente. Cependant, cette dernière doit reconnaître que le personnel médical a lui aussi ses limites, surtout lorsque les budgets hospitaliers sont insuffisants. Le personnel est souvent trop réduit et un surcroît de travail entraîne malheureusement une fatigue se reflétant sur le moral des employés, sur les délais, souvent bien trop longs dans les cliniques des centres d'oncologie ou au cabinet des spécialistes.

La reconstruction mammaire :

Dans le cadre d'une philosophie qui vise à traiter le cancer plutôt que de se «venger» sur le sein en le supprimant, la question de savoir si la reconstruction mammaire après mastectomie est souhaitable devient fort heureusement marginale. **La reconstruction du sein est bien, sa préservation est encore mieux.** Cependant, pour celles (de moins en moins nombreuses) qui devront subir une mastectomie, la reconstruction assume une toute première importance ; et il en est de même pour les patientes qui ont subi cette ablation il y a plusieurs années et auxquelles on peut difficilement avouer que cette opération n'était probablement pas nécessaire...

Plusieurs études ont été menées sur ce sujet particulièrement aux États-Unis et au Canada anglais. Les résultats de la reconstruction mammaire sont pour le moins très valables. Des études rétrospectives sur des milliers de cas ont démontré que les améliorations au bien-être de la patiente découlaient de l'estime de soi, l'image corporelle, la vie sexuelle et la vie sociale. Les femmes ayant participé à cette enquête ont témoigné d'un bon équilibre psychologique et d'une grande autonomie de fonctionnement. Elles ont vécu un certain traumatisme physiologique et psychologique devant leur cancer et la mastectomie en résultant. Elles ont entretenu des attentes réalistes de la reconstruction mammaire, des avantages personnels et physiques qu'offre cette opération. Leur motivation première a été de se débarrasser de la prothèse mammaire externe afin de se sentir à nouveau «entière», de rétablir la symétrie des seins pour ne plus penser constamment à l'aspect de leur poitrine: 83% des femmes interrogées ont déclaré être «très heureuses» ou «absolument ravies» des résultats obtenus par la chirurgie reconstructrice, la plupart ayant trouvé que l'intervention avait comblé ou même dépassé leurs espérances.

On a aussi noté que des femmes qui, pour des raisons autres que médicales, ont refusé la reconstruction mammaire, présentaient certains points communs avec les patientes ayant opté pour la reconstruction. Ces points concernent l'estime de soi, l'activité générale, le sentiment d'attirance et l'activité sexuelle. A cet égard, il semble que le conjoint de la patiente accepte plus facilement de voir ou toucher la cicatrice de mastectomie dans le groupe de femmes qui ont refusé la reconstruction. Ces femmes sont en général plus âgées, de niveau socio-économique inférieur et plus souvent célibataires. De plus elles ont éprouvé plus de difficultés psychologiques lors des suites opératoires de la mastectomie et ne tenaient pas à remonter sur la table d'opération.

En ce qui concerne la reconstruction, mentionnons que les statistiques démontrent que pour celles qui désirent cette opération, le plus tôt après la mastectomie est le mieux. Aux États-Unis, un peu plus du tiers des reconstructions mammaires et des mastectomies sont simultanées, (pendant la même opération), mais combien de ces femmes ont vraiment besoin de ces mastectomies ? Ce paragraphe sur la reconstruction mammaire perdra de plus en plus de son actualité car celle-ci s'estompera progressivement grâce à la chimiothérapie de première ligne et à l'association de chimiothérapie et de radiothérapie exclusive après coup. Cependant, pour les patientes dont le sein a été préservé pendant plusieurs années et qui éventuellement récidiveront de leur cancer, dans environ 10 % des cas, si une mastectomie totale devient nécessaire, une reconstruction mammaire sera certainement utile.

Tumorectomie et réadaptation :

La preuve a été faite que, avec ou sans ablation du sein, les survies ne sont en rien modifiées, c'est pourquoi la segmentectomie ou tumorectomie continue de gagner du terrain. Cette approche moderne, plus respectueuse de l'intégrité féminine, a-t-elle une influence sur la réadaptation ? Des études comparatives entre des patientes ayant subi une mastectomie et d'autres ayant subi une tumorectomie ont montré que ces dernières ressentaient moins de contraintes psychologiques, avaient une meilleure image d'elles-mêmes, une vie sexuelle plus satisfaisante et une réadaptation dans l'ensemble plus facile. Certains auteurs ont prétendu que la crainte d'avoir une récidive était plus grande chez les femmes qui avaient choisi de conserver leur sein. A ce sujet, il faut mentionner deux éléments: d'abord, d'autres auteurs soutiennent des conclusions opposées et ensuite ce phénomène dépend souvent de la façon dont la tumorectomie a été présentée à la patiente. Plusieurs patientes ont dû entendre lors de premiers contacts avec des chirurgiens sceptiques des réflexions du genre: «Madame, vous voulez sauver votre sein, c'est peut-être votre vie que vous risquez». De telles affirmations se font de plus en plus rares aujourd'hui. Bien qu'elles soient dénuées de tout fondement, elles ont laissé un souvenir amer dans la mémoire de bien des patientes. Un dialogue honnête entre le chirurgien et la patiente peut établir sans fausses promesses ni menaces une situation claire faisant appel à l'intelligence de la patiente. Il faut évidemment que celle-ci ait confiance en son médecin lequel s'efforcera de faire ce qu'il y a de mieux pour elle, sans forcer les indications.

Chimiothérapie et autres facteurs affectant la réadaptation:

Un des effets secondaires (environ 50 % des cas) se traduit par une prise de poids de l'ordre de 5 kg. Ici, on pourra conseiller à la patiente d'utiliser pendant et après sa chimiothérapie une diète appropriée en éliminant les calories vides. La chimiothérapie comme telle n'est nullement responsable de cette prise pondérale, mais plutôt le stress, l'inactivité physique résultant de la fatigue et l'anxiété engendrée par les traitements. La patiente doit être bien renseignée sur la liste des médicaments qu'elle prend et en connaître chacun des effets secondaires possibles.

NB : Un bon moyen de bien faire accepter les effets secondaires de la chimiothérapie à une patiente qui commence est de lui présenter une autre patiente bénévole, entraînée et qui, dans des circonstances comparables, a reçu de la chimiothérapie quelques années auparavent. Les deux patientes pourront dialoguer à leur aise au profit de la novice.

En résumé :

« La meilleure réadaptation commence au diagnostic et lors de la planification conjointe des traitements avec la patiente et non après un fait accompli. »

La patiente insuffisamment renseignée et avertie sur l'opération prévue et ses séquelles possibles, risque d'être déçue, de mal accepter et de ne pas comprendre ses traitements. **Le chirurgien doit s'efforcer de minimiser les complications le plus possible, tout en se souvenant que plus de chirurgie n'est pas toujours mieux.** Après une dissection de l'aisselle, les exercices postopératoires doivent commencer tôt. Les patientes doivent bien lire et suivre les recommandations pour éviter ou minimiser l'enflure du bras, et ce même des années après l'opération. Éviter les injections, les piqûres d'insectes, les griffes de chats ou de chiens, etc.

Tout ce qui est énoncé dans ce livre est vrai, mais peut ne pas s'appliquer entièrement pour un cas particulier. La Société Canadienne du Cancer ainsi que la Fondation Québécoise du cancer mettent à la disposition des patientes une série de dépliants sur le cancer du sein et tout ce qui s'y rattache. On peut se les procurer aux centres d'oncologie ou cliniques oncologiques des hôpitaux.

La recherche constante vers le moins de mutilation possible éliminera, ou du moins diminuera de beaucoup les problèmes de réadaptation psychologiques et physiques. Encore une fois, la meilleure réadaptation commence au tout début des actes médicaux, avant et même pendant l'opération, en s'efforçant de faire le nécessaire et pas plus. En effet, la physiothérapie et les exercices postopératoires ne seront pas suffisants pour guérir ou améliorer l'enflure d'un gros bras ou l'ankylose d'une épaule, lorsqu'une chirurgie plus minutieuse, plus sélective aurait suffit.

On doit certes avertir les patientes avant l'opération. Mais de nos jours, le chirurgien peut, à l'aide de traitements combinés, minimiser de beaucoup les complications d'autrefois. Celles-ci ont coûté cher aux patientes et à la société, pas seulement en argent mais aussi en inconfort, frustrations et même souffrances chroniques inimaginables sans pour autant augmenter les chances de guérison.

Lorsqu'il n'y aura plus de mutilations, tous les problèmes de réadaptation physique seront éliminés et en même temps, bien des problèmes psychologiques seront soulagés. Il ne resterait alors que les anxiétés inhérentes au diagnostic du cancer comme tel, elles-mêmes atténuées par un meilleur contrôle de la maladie.

Pour renseignements : Société canadienne du cancer
5151 boul. de l'Assomption,
Montréal, Qc.
Tél : (514) 255-5151

Fondation québécoise
du cancer
2075 Champlain,
Montréal, Qc.
Tél : (514) 527-2194
Ligne info-cancer
Tél : (514) 522-6237

Chapitre 16

Le suivi, les rechutes possibles et les soins palliatifs

« Point n'est besoin d'espérer pour entreprendre, ni de réussir pour persévérer ».

Guillaume d'Orange

Introduction :

Le respect des visites médicales de contrôle et la ponctualité dans la prise des médicaments vont de pair avec un bon suivi. Lorsque le cancer semble vaincu, une grande vigilance s'impose.

Les récidives ou rechutes

La hantise d'une récidive représente assurément une des conséquences psychologiques les plus graves du cancer du sein. Cependant, les gens qui prétendent que « rien n'avance dans le traitement du cancer du sein » s'appuient souvent sur des données dépassées qui ne tiennent pas compte des nouveaux traitements combinés, lesquels améliorent non seulement la qualité de vie mais aussi la survie. Il est vrai cependant, qu'en ce qui concerne l'augmentation des

survies, cela ne va pas aussi vite qu'on le voudrait...
Soulignons que la mortalité due au cancer du sein
commence à diminuer en Amérique du Nord.

On parle de **récidives «locales»**, lorsqu'une
tumeur maligne réapparaît dans le même sein ou,
dans le cas de mastectomie totale, dans les tissus
avoisinant la cicatrice. Une récidive locale dans le
même sein, si le sein a été préservé, n'est pas la fin
du monde. Encore faut-il la détecter précocement,
c'est-à-dire lorsqu'elle est petite et bien délimitée et
d'être bien sûr d'intervenir. La plupart du temps, si
la tumeur est bien localisée, une résection chirurgicale locale, avec radiothérapie complémentaire, et
souvent du tamoxifène y remédieront. Les **récidives
«loco-régionales»** vont toucher les zones ganglionnaires lymphatiques incluant les ganglions de la
chaîne mammaire interne, axillaires et supraclavicu-
laires. Par contre les **récidives «métastatiques» à
distance** sont plus graves et peuvent apparaître dans
n'importe quel organe du corps : les os, le foie et les
poumons sont des endroits de prédilection des
métastases, c'est-à-dire des colonies tumorales à distance.

Il est difficile de prévoir les récidives. Les traitements de radiothérapie postopératoire réduisent la
fréquence des récidives loco-régionales, sans toutefois les éliminer complètement. De même, les traitements systémiques sous forme de chimiothérapie et
d'hormonothérapie adjuvantes (qui complètent les
traitements initiaux) montrent un effet bénéfique sur
les récidives loco-régionales mais aussi et surtout sur
les rechutes métastatiques et par conséquent sur la
survie. Les risques d'une récidive sont plus élevés
durant les trois premières années suivant l'apparition du cancer initial. Mais comme le cancer du sein

adopte parfois des formes tumorales à évolution très lente, le suivi doit se poursuivre de façon constante tout en s'espaçant avec les années. Des récidives après 20 ans ont déjà été observées. Les statistiques actuelles montrent qu'après 12 ans, il demeure encore 5 % de risque de rechute. Certaines de mes patientes, opérées il y a 20 ou 25 ans, ont présenté des récidives (loco-régionales ou même à distance) à plusieurs reprises. Elles ont été traitées de différentes façons, mènent une vie normale sans être nécessairement « guéries » au sens strict du terme. Je dirais qu'elles vivent en « symbiose », c'est à dire en équilibre avec leur cancer. Ce dernier n'est peut-être pas complètement éliminé mais il est en dormance ; les mécanismes de défense des patientes (de l'hôte) les maintiennent en équilibre parfois toute leur vie, pour parfois décéder d'une autre cause à un âge très avancé.

L'importance d'un bon suivi :

Le suivi des patientes atteintes de tumeurs malignes du sein est important car malheureusement, on ne les guérit pas toutes. Dans les stades I et les stades II précoces, les deux-tiers des patientes sont généralement guéries ou bien contrôlées à long terme. L'importance du suivi réside dans le fait que si on détecte précocement une petite récidive locale dans le sein, on peut facilement la traiter chirurgicalement sans qu'il soit nécessaire d'enlever le sein.

Par contre, si le soin de détecter une récidive est confié à la patiente seulement, il est fort probable que ce dépistage prendra plus de temps, que la récidive sera plus importante et que le sein devra fort probablement être enlevé (mastectomie totale de rattrapage). Signalons qu'une récidive locale peut survenir même après mastectomie totale (au niveau des tissus de la paroi thoracique). Dans ce cas, si elle est petite, elle peut être facilement réséquée avec peu d'inconvénients pour la patiente. Par contre, si la récidive est volumineuse ou même fixée, elle peut devenir inopérable. Dans le cas de métastases à distance, les traitements de chimiothérapie, d'hormonothérapie ou de radiothérapie seront d'autant plus efficaces qu'ils interviendront plus tôt. Il est préférable de procéder ainsi, plutôt que d'attendre des fractures pathologiques des os par exemple, nécessitant elles-mêmes d'autres traitements (opérations orthopédiques, enclouage de la fracture, etc, avec nouveaux problèmes pour les patientes). Il est faux de dire que de toute façon le suivi ne change rien, que « le sort en est jeté ». Cette attitude de prédéterminisme est exagérément pessimiste et correspond plutôt à la situation d'époques révolues. De nos jours, les médecins disposent de modalités thérapeutiques améliorées, par exemple, la prise d'antiœstrogènes à long terme qui maintient et assure un statut quo que l'on peut appeler le « contrôle de la maladie ». Il est vrai que ce n'est pas le suivi qui empêche les récidives, mais il permet de les détecter plus tôt ce qui souvent en facilite le traitement.

Certaines patientes, lorsque tout va bien pendant plusieurs années, ont tout naturellement l'impression qu'elles sont guéries. Elles pensent qu'il est inutile de revoir leur médecin traitant, soit parce qu'elles n'aiment pas attendre dans les cabinets médicaux, soit que ces visites leur rappellent leur maladie. Encore une fois, il est prudent d'accepter un suivi régulier, des examens périodiques de contrôle à la fréquence requise par l'état médical, (mammographies, radiographies pulmonaires, échographies abdominales, scintigraphies ou cartographies osseuses, examens gynécologiques et toutes les prises de sang appropriées) que l'on espacera graduellement après cinq et surtout dix ans. Même s'il est exact que les rechutes, surtout à distance, annoncent un pronostic moins favorable, la médecine moderne peut encore faire quelque chose en ce qui concerne la qualité de vie.

Du point de vue statistique, il est primordial que les pourcentages de guérisons ou de récidives soient bien colligés afin que l'on puisse comparer les résultats modernes avec ceux d'il y a cinq, dix ou vingt ans. Si je n'avais pas assuré un bon suivi à mes patientes traitées de façon non mutilante dès 1970, je n'aurais jamais su qu'elles se portaient aussi bien, sinon mieux, que les patientes que j'avais traitées au début et vers le milieu des années 60, alors que je pratiquais encore des mastectomies totales et radicales de routine. C'est l'observation des patientes traitées avec préservation du sein, lors de leur suivi régulier, qui m'a incité à persévérer dans ce sens (malgré les critiques sévères), alors que le consensus du milieu chirurgical classique favorisait aveuglément la mastectomie radicale. Bien au contraire, les patientes allaient même mieux tout en jouissant d'une qualité de vie supérieure. Dans ce domaine, parfois difficile, une des plus grandes joies est de revoir des patientes qui ont conservé leurs seins, opérées il y a 20 ou 25 ans, auxquelles un autre chirurgien avait dit : «Si votre sein n'est pas enlevé, vous allez mourir de votre cancer d'ici un ou deux ans.»

Fréquence du suivi :

Pendant la première et la deuxième année, il est bon de voir les patientes trois ou quatre fois par an. Les cinq années suivantes, les patientes seront vues au moins tous les six mois. Par la suite, surtout après 10 ans, les visites peuvent se faire annuellement. Ces visites permettent également d'enseigner la prévention : auto-examen des seins, diète, exercices et conseils d'usage... De plus, j'ai souvent observé que la plupart des patientes, même à long terme, préfèrent être revues une fois l'an. Les patientes en ressentent une certaine sécurité, la plupart en retire un soutien psychologique. Si elles habitent loin, elles devraient garder un bon contact avec leur médecin de famille. En général, il serait bon que les omnipraticiens s'impliquent davantage en oncologie. Le suivi permet au médecin traitant d'approfondir ses connaissances et de mieux évaluer le bien fondé de son intervention. Sans suivi adéquat, on ne peut savoir si ce que l'on fait est bien ou non. C'est là une vérité de La Palice.

Je n'ai jamais compris l'attitude de certains chirurgiens qui, ayant opéré une patiente atteinte d'un cancer du sein, les plaies une fois bien guéries, donnent tout simplement congé à leurs patientes ! Comme s'il s'agissait de l'opération d'une hernie, ou de l'exérèse d'un vulgaire corps étranger ! Pourtant, si le chirurgien ne peut pas ou ne veut pas entreprendre le suivi lui-même, il peut souvent confier la patiente à un oncologue médical ou à un hématologue-oncologue qui la prendra en charge. C'est là une alternative qui se défend... Dans cet ordre d'idée, j'aimerais souligner qu'en général les radiothérapeutes suivent bien leurs patients après traitement.

Chez les patientes, il faut aussi éliminer le préjugé consistant à croire que si le cancer ne réapparaît pas durant les cinq premières années, il ne reviendra jamais ! Il est vrai que plus les années passent, moins les risques de récidiver sont grands. Mais le cancer du sein n'est pas un chronomètre qui s'arrête au bout de cinq ans. Il faut demeurer vigilant et fidèle aux visites médicales et aux médicaments prescrits.

Le suivi ne devrait pas être un phénomène passif. Il est de plus en plus souhaitable que les patientes assurent elles-mêmes leur prise en charge, afin qu'elles puissent mieux exploiter leurs propres ressources intérieures. Il leur faudra parfois de l'aide psychothérapique tel que précisé par le Docteur Carl Simonton pour les aider à remonter la pente, maîtriser leurs craintes, leur stress, mieux suivre leurs traitements d'hormonothérapie, diététiques, vitaminiques etc. Tout ces éléments ne peuvent que mieux les aider à lutter contre la maladie oncologique elle-même et ainsi enrayer le développement de nouveaux cancers. Un bon psychisme peut aider à développer un meilleur système immunitaire. Les patientes qui se laissent aller, s'apitoient sur leur sort, se nourrissent mal, prennent beaucoup de pilules (calmants, somnifères, etc) ou d'alcool, ont moins de chances de vaincre la maladie. Celles qui sont convaincues de l'importance d'une pensée positive vont éviter l'exposition au soleil, le tabagisme, la mauvaise alimentation, la prise de poids, etc., facteurs non négligeables à long terme pour diminuer les risques que le même cancer revienne ou qu'un autre cancer apparaisse. Leur médecin devrait lors de ces visites de contrôle, rappeler les mesures de prévention qui, trop souvent, sont difficiles à inculquer et vite oubliées.

Les médecins peuvent guérir certains cancers, ce qui n'est vrai qu'en partie. Si l'on vous a guéri d'un cancer de la bouche (langue, gencives, etc) ou du poumon, et que vous continuez à fumer, à boire et à mal vous nourrir, le développement d'un autre cancer de cette région est inévitable. Pour le cancer du sein, les femmes qui grossissent ou qui abandonnent trop vite la prise de leurs pilules de tamoxifène n'aident pas leur cause. De même, la collaboration active au suivi requiert la surveillance des seins (auto-examen) et l'application des mesures préventives telles qu'exposées en détail au chapitre sur la prévention.

L'oncologie moderne s'intéresse de plus en plus à l'état général de l'individu, et non simplement à la tumeur cancéreuse extirpée chirurgicalement ou traitée par radiothérapie ou chimiothérapie. Votre fidélité aux traitements et votre assiduité aux visites, bien des années après les traitements initiaux, optimiseront encore plus vos chances. C'est essentiellement votre participation à votre propre salut.

Dans un livre comme celui-ci, il serait peu réaliste de ne pas parler des stades IV, c'est-à-dire des cas que l'on n'a pas réussi à guérir et qui ont développé des métastases à distance. Comme on l'a vu dans les chapitres de chimiothérapie, radiothérapie et hormonothérapie, toutes ces modalités thérapeutiques sont alors utilisées simultanément ou l'une après l'autre et peuvent donner de bons résultats dans un but palliatif. Mais tôt ou tard, l'arsenal thérapeutique s'épuise sans que ce soit la faute de la médecine. Il arrive un moment donné où tout traitement actif devient futile. Alors les soins palliatifs deviennent nécessaires et prioritaires.

SOINS PALLIATIFS

« L'acharnement thérapeutique a des limites. Tout homme a le droit de mourir en paix. »

Professeur Jean Bernard

Définition :

Les soins palliatifs ont pour but de soulager les symptômes et d'améliorer la qualité de vie des patientes, une fois l'arsenal thérapeutique utilisé ; ils se distinguent des soins curatifs destinés à essayer de guérir les malades et/ou prolonger la vie (occasionnellement les deux peuvent cœxister...).

Introduction :

Il serait hypocrite d'omettre un tel sujet, lorsqu'on sait que l'on ne guérit pas toutes les patientes atteintes de cancer du sein. La médecine, tellement présente lorsque la guérison est encore possible, devient souvent muette quand l'issue fatale s'annonce. La tentation est forte de tirer le rideau et de passer à de plus beaux défis (de plus beaux cas)... À l'instar des Anglo-saxons, il faudrait créer plus de ressources aux services des soins palliatifs. A mon avis, la situation pour les patients atteints de cancer avancé souffre de carence et ne se corrige que très lentement, pour ne pas dire trop lentement.

Le bien-fondé des soins palliatifs :

Si le cancer continue à se propager, une fois que tous les moyens thérapeutiques ont été essayés, i.e. chirurgie, radiothérapie, chimiothérapie, hormonothérapie, la cessation de tout traitement actif s'impose. Parfois la décision de ne plus traiter activement une patiente constitue la meilleure décision, sans que cela soit considéré comme un échec de la médecine. Le rôle du praticien consiste à soulager s'il ne peut plus guérir. Il n'est ni nécessaire ni souhaitable d'appliquer des mesures extraordinaires, car il est inutile de prolonger les souffrances ou l'agonie. On doit rendre les patientes confortables, soulager leurs douleurs s'il y a lieu, tout en supprimant au maximum les appareillages. L'angoisse et les douleurs sont apaisées dans la majorité des cas par les narcotiques, sans nécessairement faire perdre conscience à la patiente et par le fait même, le contrôle de sa vie. Les souffrances de la patiente doivent être envisagées dans une perspective globale, en analysant les différentes composantes physiques, psychologiques, sociales et spirituelles.

Beaucoup de médecins s'occupent correctement de patientes qui répondent bien à un traitement, mais ils évitent souvent les patientes en phase terminale à cause de leur propre inconfort psychologique face à cette situation et aussi à cause de leur manque de formation... À l'instar du docteur Kübler-Ross, certains progrès se font sentir dans ce domaine ; des médecins se spécialisent en soins terminaux, gardant à l'esprit que le mourant est encore un être humain qui peut disparaître en paix et dans la dignité. Il faut assister à plusieurs séminaires interdisciplinaires sur l'approche de la mort afin d'être plus à l'aise pour faire face à ces patients, se rendre compte de leur immense isolement et pouvoir mieux communiquer avec eux. On leur offrira ainsi de meilleurs soins de soutien psychologique et les médicaments appropriés. Le médecin doit lui-même accepter une approche plus réaliste de la mort, qui de toute façon est inévitable ou fatale, et en faire part aux membres de la famille ainsi que, progressivement, à la patiente.

Après avoir obtenu le consentement de la patiente et de son entourage, les soins palliatifs débutent. «L'accompagnement» au sein d'une unité de soins palliatifs à l'intérieur même de l'hôpital, avec du personnel infirmier et médical approprié. Si cela n'est pas possible à cause des coûts ou de l'espace non disponible, une équipe de consultants en soins palliatifs, ayant reçu une formation appropriée, représente une alternative très valable. Les soins palliatifs, dispensés sans unité locale spécifique, ont l'avantage de demeurer accessibles aux médecins traitants car les patientes ne sont pas regroupées dans un secteur délimité de l'hôpital, en attendant un hébergement dans des institutions spécialisées, ou jusqu'à ce que les soins palliatifs s'organisent à domicile. Cela est vrai dans la mesure où les médecins traitants ainsi que les internes et médecins résidents sont sensibilisés et entraînés à ces situations. Ces soins doivent s'apprendre un jour ou l'autre, mais il est peut-être préférable de les acquérir à petites doses au début... Dans les hôpitaux, il peut arriver que les cas de soins actifs aient la préséance...

Il n'existe que quelques endroits d'hébergement spécialisés hors des hôpitaux pour ces malades. Au Québec, je n'en connais que quelques-uns à l'intérieur de la communauté, comme la Maison Victor-Gadbois à Beloeil ou, Michel Sarrazin à Québec et Catherine Delongpré à St-Georges de Beauce. Quelle que soit la formule adoptée, l'objectif des soins palliatifs est de bien contrôler la douleur et l'angoisse, dans le but de soulager ce qu'on appelle la «souffrance totale».

Dans une approche holistique, on considère l'individu comme une personne globale avec ses croyances, sa famille, son rôle social, son cheminement spirituel et psychique, et non seulement avec des symptômes physiques. Il est important de ne pas abandonner ces patientes en phase terminale alors qu'elles ont besoin d'être comprises, et de ne pas les traiter comme si elles étaient déjà décédées. Idéalement, il faudrait que davantage de patientes partagent avec leurs proches l'expérience de la mort chez elles, où elles ont vécu, avec l'aide d'infirmières à domicile. «Les soins palliatifs à domicile», une formule qui mériterait d'être encouragée en collaboration avec une équipe de soutien. Ainsi, l'Association d'Entraide Ville-Marie (AEV) et le «Victorian Order of Nurses» (VON) assurent gratuitement un service d'infirmières à domicile, lequel peut être complété à l'aide de programmes spéciaux des CLSC, pour les personnes en phase terminale qui choisissent de mourir parmi les leurs. A domicile ou en institution, les soins palliatifs consistent à accompagner les malades en phase terminale pour tenter de leur fournir une certaine qualité de vie, et respecter leurs désirs jusqu'à la mort. Ils consistent à aider les mourants à vivre leurs derniers jours dans les meilleures conditions en attendant le «dénouement».

On ne saurait trop insister sur le fait que dans les unités ou services de soins palliatifs, les patientes sont préparées spirituellement et psychologiquement par une équipe multidisciplinaire composée de psychologues, médecins, thanatologues, travailleurs sociaux, etc, incluant des religieux de différents cultes. Ces unités ou maisons d'hébergement spécialisées d'accompagnement sont ouvertes à tous les membres de la famille que l'on encourage et aide à prodiguer les soins au mourant. Malheureusement, il en manque beaucoup au Québec et au Canada. Les gouvernements et même les universités, n'ayant pas prévu les besoins immenses dans ce domaine, sont pris de court. Alors que l'on forme de nombreux sociologues, psychologues, politicologues, sexologues, on connaît à peine les thanatologues (personnes qui s'occupent des patients en phase terminale). Pourtant la population, dans une proportion de 25 % à 35 %, en aura besoin un jour ou l'autre.

Il ne s'agit pas là de prédictions à la légère, mais malheureusement la dure réalité qui touchera même certains membres de la profession médicale et décideurs technocrates qui n'ont pas toujours vu l'importance du problème.

Conclusion

Mon expérience personnelle est qu'en général nous avons beaucoup à apprendre des Orientaux à ce sujet, eux qui voient dans la mort un phénomène naturel d'équilibre de la vie.

« Vivre, c'est un hasard du temps ; mourir c'est se conformer à la loi de la nature. Je jouis de ce hasard et j'obéis à cette loi ; aucune joie ni tristesse ne peuvent pénétrer dans mon cœur »

Chuang-Tzu (369-286 av JC)

« La vie de l'homme est un éclair sitôt né, sitôt disparu, Verdoyant au printemps, l'arbre se dépouille à l'automne. Grandeur et décadence, pourquoi s'en effrayer ? Épanouissement et déclin ne sont que gouttes de rosée perlant sur un brin d'herbe »

Van Hanh (Vietnam)

Je ne pense pas que l'on puisse régler le problème de la mort tout simplement en l'oubliant. Il est préférable d'accepter de vieillir, tout en s'efforçant de ralentir le plus possible le processus, ainsi que d'accepter la mort des autres et sa propre mort et même de s'y préparer, que l'on soit croyant ou non. Encore une fois, si la mort n'existait plus pour les plantes, les animaux et nous, la vie sur terre ne serait plus possible...

Pour ceux qui ont la foi, l'espoir est en Dieu. Personnellement, je suis croyant. La foi permet de passer plus facilement à travers bien des épreuves, de découvrir et mobiliser des ressources insoupçonnées.

Je n'ai nullement la prétention d'offrir la solution à tous les problèmes soulevés dans ce chapitre, mais seulement d'ouvrir quelques pistes de réflexion et d'information sur un sujet fort complexe. Une chose est certaine, avec ou sans la foi, il faudrait favoriser davantage la généralisation des soins palliatifs et leur accessibilité à plus de patientes qu'à l'heure actuelle. Les places disponibles en unité de soins palliatifs, là où il en existe, sont insuffisantes pour accueillir celles qui le désirent et qui sont éligibles. Quelle que soit la formule adoptée, l'objectif des soins palliatifs consiste à bien contrôler la douleur, l'angoisse et à considérer l'individu comme une personne globale et non seulement sous l'angle de ses symptômes physiques. Le gouvernement étant à court d'argent, «les soins palliatifs à domicile» avec l'aide d'une équipe de soutien et la collaboration des membres de la famille représentent une solution intéressante. Malheureusement, il n'y a pas toujours de ressources dans les foyers. Cependant, quand j'entends des membres de la famille me dire «c'est impossible chez nous, car nous devons partir en Floride prochainement», je leur dis assez sèchement, comme le professeur Lucien Israël me l'a enseigné, que leurs enfants feront probablement la même chose pour eux, ce qui leur donne à réfléchir! Il est certain qu'une plus grande implication des membres de la famille assistés par du personnel hautement qualifié comme celui de l'Association d'Entraide Ville-Marie, est en fait la situation idéale.

---

[1] Selon Larousse, il s'agit de l'étude des signes, des conditions, des causes et de la nature de la mort. Ce terme est souvent confondu, à tort, avec embaumeur. Cette erreur provient d'une fausse analogie entre thanatologie et thanatopraxie.

[2] Isabelle Lasvergnas, **Traité d'anthropologie médicale,** Presse de l'Université du Québec, 1985, ch. 34 p. 691

Conclusions

> *« Si l'on commence avec des certitudes, on finira avec des doutes. Si l'on commence avec des doutes et que l'on est patient, on obtiendra des certitudes. »*

Francis Bacon

> *« Nous avons identifié l'ennemi et l'ennemi, c'est nous. »*

Pogo

Face à ce terrible déséquilibre de régulation cellulaire qu'est le cancer, il est possible d'adopter trois attitudes. La première est la résignation qui consiste à dire que l'on ne peut rien faire, tant en prévention qu'en traitement, ce qui n'est pas conciliable avec une pensée scientifique. La seconde position, aussi extrême, serait de dire que l'on possède une solution facile, un médicament magique ou une diète miracle, ce qui s'avérerait du charlatanisme. Finalement, la troisième attitude, celle de la raison, veut qu'en oncologie du sein les traitements progressent à petits pas au rythme de la recherche et de ses découvertes. Ces progrès, évalués sur plus de 25 ans, sont importants.

En prévention, les études épidémiologiques ont apporté des résultats encourageants. En prévention primaire, le mot d'ordre est « sobriété ». Éviter les excès alimentaires et une consommation excessive d'alcool. Les actions utiles en prévention primaire naturelle portent sur une modification du comportement et de bonnes habitudes alimentaires. Elles sont souvent difficiles à respecter à moins d'avoir été acquises très tôt dans la vie et d'être devenues une seconde nature. La prévention du cancer ainsi que la préservation de la santé en général, deviennent de plus en plus une responsabilité personnelle. Dans un avenir rapproché, certains médicaments tels les rétinoïdes et le tamoxifène ou certaines autres manipulations hormonales, vont probablement aider à prévenir le développement d'un nombre appréciable de cancers du sein. Des études de prévention primaire pharmacologique actuellement en cours sont prometteuses.

Cependant, le cancer du sein ayant des causes multiples et complexes, ces mesures préventives ne sont parfois pas suffisantes pour contrecarrer son développement. Nous devons donc aussi nous tourner vers la prévention secondaire ou dépistage : auto-examen des seins fréquent, mammographie tous les deux ans pour les femmes dans la quarantaine qui sont à risque, annuellement ou tous les 18 mois de 50 à 70 ans, et tous les deux ans par la suite. Avec les moyens modernes, la médecine diagnostique a beaucoup à offrir, entre autres la cytoponction à l'aiguille fine, pour toutes les masses palpables dans le sein, et les biopsies à l'aiguille au trocart stéréoguidées ou sous contrôle échographique pour les images radiologiques suspectes non palpables. Ces méthodes permettent de découvrir plus précocement des cancers du sein de plus en plus petits ; on devrait s'attendre à une amélioration de la survie avec beaucoup moins de mutilations.

J'ai écrit ce livre pour aider et conseiller toutes celles qui, malgré une prévention primaire et secondaire raisonnables sont atteintes d'un cancer du sein. Depuis au-delà de trente ans, j'ai contribué avec beaucoup d'autres, à l'amélioration des approches diagnostiques et des traitements non mutilants; si bien qu'aujourd'hui nous avons beaucoup mieux à offrir que la cruelle et inutile mastectomie radicale de routine qui a été pendant trop longtemps l'unique approche thérapeutique dans ce domaine.

On peut parler de progrès immenses au niveau du traitement local et de progrès très valables au niveau des traitements généraux ou systémiques. Malheureusement, toutes les patientes ne guérissent pas, mais le nombre de rémissions complètes prolongées augmente en dépit d'une fréquence réelle qui s'élève dans tous les groupes d'âge. Il a été récemment rapporté qu'en Amérique du Nord, la mortalité par cancer du sein a commencé à diminuer, je dirais même chuter, pour les femmes de moins de 60 ans.

L'avenir nous réserve de l'espoir. Des travaux s'effectuent présentement en génétique moléculaire, où l'intérêt du chercheur ne s'arrête pas à la cellule mais s'étend aux molécules qui la forment et aux chromosomes; en immunologie aussi où les chercheurs tentent de synthétiser de véritables missiles microscopiques à tête chercheuse, qui iront spécifiquement détruire les cellules cancéreuses sans altérer les autres. Les agents neutralisant les facteurs de croissance, associés à des chimiothérapies spécialisées de demain, amélioreront beaucoup les résultats sans nécessairement augmenter la toxicité des traitements de chimiothérapie. L'arrivée de nouveaux médicaments chimiothérapeutiques comme le taxol, le taxotère, la navelbine, les nouveaux inhibiteurs de l'aromatase comme l'arimidex, les modulateurs de la réponse biologique et les facteurs antiangiogéniques qui diminuent l'apport sanguin aux tumeurs nous fournissent de nouvelles armes plus spécifiques pour lutter contre le cancer. À tout ceci, il nous faut ajouter de nouveaux moyens de contourner les mécanismes de résistance aux médicaments, de nouveaux marqueurs tumoraux, sans oublier les manipulations géniques qui ont quitté le domaine de l'imaginaire pour entrer dans la réalité. On parle aussi de plus en plus sérieusement de réhabilitation des cellules cancéreuses, d'une reconversion ou redifférenciation possible qui permettrait à une cellule cancéreuse de redevenir normale grâce à des médicaments redifférenciants comme les rétinoïdes, la somatostatine, l'interféron, la vitamine D3, etc. Un retour à l'équilibre immunitaire normal (déprimé par la maladie et certains traitements destructeurs) par modulation via les interleukines, l'interféron et certains vaccins permettrait ainsi à l'organisme de se débarrasser lui-même de ces prétendues «dernières» cellules cancéreuses. C'est ce qui se passe déjà pour certaines leucémies, pour le myélome multiple (un cancer de la moelle osseuse) et dans de rares rémissions spontanées de cancer.

Cependant, même si nous guérissons de plus en plus de lésions cancéreuses, il meurt toujours autant de personnes atteintes du cancer. Ce paradoxe apparent s'explique facilement quand on sait que la fréquence du cancer augmente régulièrement d'une année à l'autre, en particulier celui du sein, dans tous les groupes d'âge. Cette augmentation ne découle pas seulement de meilleurs diagnostics ou d'un accroissement de la longévité de la population.

Il existe donc, d'une part plus de guérisons et d'autre part, plus de gens atteints de cancers.

Les épidémiologistes pensent que cette augmentation serait due à une exposition plus importante de la population à de nombreuses substances cancérigènes (les pesticides, les herbicides, etc.). Cette tendance pourrait donc continuer à se poursuivre. Les différents palliers de gouvernements essaient de contenir la pollution, mais le contexte économique n'est pas très favorable à cette entreprise. Qui plus est, au niveau individuel, n'y a-t-il pas des gens qui, fumant leur cigarette, pestent contre les émanations des tuyaux d'échappement des véhicules?

Il ne faut plus attendre béatement que la solution vienne uniquement des scientifiques, qui découvriront un jour un remède ou un cocktail de vaccins miracles pour guérir difficilement, ce qui souvent peut être prévenu plus facilement. Ainsi pourrait-on diminuer la fréquence des cancers du poumon et de la gorge en restreignant le tabagisme, des cancers cutanés en diminuant l'exposition au soleil, du sida en évitant le libertinage irréfléchi sans protection et les échanges d'aiguilles contaminées, des cancers du col utérin avec des modes de vie différents et un dépistage précoce, du cancer de l'estomac en mangeant des mets plus frais, mieux préservés, moins salés, moins fumés et de bien d'autres cancers, par l'application de mesures préventives sages et efficaces.

Nous avons eu l'occasion d'étudier largement l'aspect pathologique, biologique et thérapeutique du cancer du sein, mais il existe de plus une dimension sociale et psychologique que nous n'avons pas abordée. L'être humain est une personne physique (biologique), psychologique et sociale. L'interaction de ces trois composantes est constante. La fréquence de certaines maladies varie selon les classes sociales et économiques d'une même nation. Ainsi, à Montréal, il est connu que les habitants de Westmount (milieu très huppé) vivent au moins 10 ans de plus que ceux du quartier Saint-Henri; de même, les habitants des quartiers Est de New York ont une espérance de vie plus grande que ceux du Bronx ou de Harlem. Ces différences ne résultent pas uniquement des ravages du cancer, elles sont aussi dues à d'autres affections telles les maladies cardio-vasculaires, l'hypertension et le diabète. Pareilles différences ne peuvent s'expliquer uniquement par des facteurs héréditaires et alimentaires. Pour tenter une explication, nous devons explorer d'autres hypothèses, regarder l'organisation sociale et l'attitude psychologique des gens qui appartiennent à ces couches de la société.

Si, dans certains cas, la différence semble imputable au statut socio-économique, dans les autres cas, il en va tout autrement. Les gens qui ont le sentiment de mieux gérer leur vie, de mieux surmonter leur stress, d'accomplir quelque chose de concret pour préparer leur avenir semblent mieux se défendre contre les maladies. Les modes de penser influencent les émotions. Ils contribuent à nous responsabiliser davantage et plus précocement. À l'instar de ce que disait John F. Kennedy: «Ne vous demandez pas ce que le pays peut faire pour vous, mais bien ce que vous pouvez faire pour la nation»; en matière de prévention demandez-vous plutôt non pas ce que le médecin et la médecine étatisée peuvent faire pour vous, mais aussi et surtout ce que vous-mêmes pouvez faire pour vous maintenir en bonne santé ou vous guérir. Celui qui sait qu'il peut agir devient responsable. À l'opposé, celui qui se sent impuissant perd tout désir de vivre, et risque de devenir rapidement la proie d'une kyrielle de maladies. Plusieurs sociologues ont déjà cerné cette problématique et observé que des changements d'attitude des masses ou l'amélioration de certaines mesures sociales à grande échelle peuvent sinon éliminer bien des maladies comme le scorbut, la peste, la tuberculose... du moins, en diminuer la fréquence. Tel que nous l'avons déjà souligné, le cancer de l'estomac a beaucoup diminué grâce à de meilleures habitudes alimentaires en général, de réfrigération des denrées et ce, même chez les gens les plus pauvres. La fréquence du cancer invasif du col utérin diminue lentement grâce au dépistage systématique y compris chez les populations autochtones. Même la mortalité par cancer du poumon chez les hommes, qui fument de moins en moins, a tendance à diminuer, alors que chez les femmes, malheureusement, elle continue à augmenter d'une façon inquiétante.

Tous ces investissements socio-économiques préventifs et environnementaux, de même que la recherche fondamentale, le dépistage et la recherche clinique contribuent à une meilleure compréhension globale du cancer du sein. Si on ajoute à ces facteurs tous les nouveaux développements thérapeutiques en génétique moléculaire qui pointent à l'horizon, ainsi que les mesures antipollution en cours présentement, il y a certainement lieu d'espérer en l'avenir. Tant d'espoir n'est pas trop exagéré, car s'il est normal de mourir de cancer à un âge avancé (selon l'horloge biologique), mourir d'un cancer du sein à 35 ou 45 ans est inacceptable. Nous en savons maintenant assez dans le domaine du cancer, ou et en ingénierie génétique pour considérer qu'il n'existe pas de problèmes insolubles ou insurmontables.

«ESPOIR» aurait pu être le titre de ce livre. L'espoir que toutes les femmes exercent une prévention primaire et secondaire efficaces, afin d'éviter le cancer ou le détecter plus précocement. L'espoir dont auront besoin celles chez qui, malgré la prévention, un cancer du sein se déclare. Finalement, l'espoir dans la recherche scientifique, fondamentale et clinique, avec plus de compréhension, de créativité, de souplesse et de collaboration entre ces différentes branches de recherches et entre les chercheurs qui y participent. C'est ainsi que nous comprendrons mieux les mécanismes intimes de la génétique moléculaire de cette «maudite» maladie, et que nous mettrons au point de nouvelles armes plus efficaces. (Mégadose de chimiothérapie, vaccins...)

Cette guerre à finir contre le cancer, il faut la déclarer très tôt dans la vie, et la poursuivre au foyer, c'est-à-dire dans la préparation des aliments, la salle à manger, le gymnase, au bureau ou à l'atelier, en se responsabilisant pour adopter des modes de vie plus sains.

La victoire contre le cancer du sein viendra aussi bien des femmes informées et sensibilisées que des chercheurs et des médecins qui osent s'interroger et remettre en questions certaines méthodes et dogmes périmés.

Postface

L'héritage

Peut-on avoir tort d'avoir eu raison trop tôt?

L'auteur

« *L'information est la source de l'action.* »

Dicton populaire

Il y a plus d'une trentaine d'années, après mes études de médecine à l'Université d'Ottawa et un entraînement post-gradué en chirurgie puis en recherche oncologique à l'Université McGill, j'ai commencé ma carrière de médecin-chirurgien à l'Hôpital Saint-Luc de Montréal. A la fin des années 60, je suis également devenu professeur à plein temps au département de chirurgie de l'Université de Montréal, et professeur titulaire de 1980 à 1993. En 1973, j'ai fondé le Service de chirurgie oncologique à l'Hôpital Saint-Luc et en ai assuré la direction jusqu'en 1993. J'ai également été nommé directeur du Centre d'oncologie du même hôpital de 1982 à 1993. Ma vie professionnelle et mes efforts ont surtout été consacrés au diagnostic, au traitement du cancer du sein et au suivi des patientes atteintes de cette «maudite maladie». Cette postface trace sommairement le bilan des domaines auxquels j'ai contribué et décrit ce que j'appellerais « l'héritage » tant médical qu'humain que je souhaiterais transmettre à tous mes confrères actuels et futurs et partager aussi avec le grand public, basé sur une grande expérience pratique.

1) Les soins aux malades (dépistage, diagnostic, soins et suivi)

Mes efforts ont fait en sorte que le moins possible de tout ce qui est pathologie mammaire bénigne ou maligne, ne me soit étranger. À chacun sa mission, et je crois fermement à la mienne. Mes patientes ainsi que les nombreux médecins référants qui me connaissent le savent bien. Le rôle du sein dans notre société est important, malheureusement sa place en médecine l'est moins. Pourtant c'est le cancer du sein qui tue le plus de femmes ! La palpation du sein est tout un art. Bien que très utile, les mammographies modernes ne devraient pas remplacer une bonne palpation des seins, avec au besoin une cytoponction précise à l'aiguille fine au moindre doute.

Les soins primaires aux malades ont toujours été ma priorité, j'y consacre encore cinquante heures par semaine. Le devoir du médecin n'est-il pas de servir la patiente ? Mes actes médicaux sont orientés dans le sens du mieux-être des femmes victimes de ce fléau afin de les traiter plus précocement et de façon plus humaine, plus respectueuse de leur féminité et de leur intégrité physique, et ce, tout en obtenant des taux de guérison équivalents ou même supérieurs. Mon action a été modelée en recherchant l'excellence, convaincu que les femmes atteintes méritent mieux que ce qui leur était réservé de routine, c'est-à-dire toutes sortes d'opérations délabrantes et inutiles avec souvent un manque de suivi. On peut parfois reprocher à la médecine de mettre trop d'emphase sur l'aspect professionnel pur et dur au détriment de la dimension humaine ; par exemple : « Madame, c'est votre vie ou votre sein ! ».

2) Une approche thérapeutique plus conservatrice (plus de chirurgie n'est pas mieux).

Dès les années 60, les dogmes du professeur Halsted suivant lesquels la mastectomie radicale constituait la méthode la plus sûre pour enrayer la progression des cancers du sein me sont devenus de plus en plus insupportables. C'est pourquoi, qu'en 1969, tout début des années 70, en dépit de bien des critiques, j'ai commencé à pratiquer de nombreuses chirurgies économes (tout en préservant les seins) pour de petites tumeurs avec des résultats très encourageants, malgré que cela était considéré alors comme une hérésie dans les milieux « bien-pensants ». Je souhaitais mettre un terme aux chirurgies excessives de routine qui me semblaient constituer **la plus grande erreur thérapeutique du siècle** ; se venger sur le sein me paraissait un faux problème. Le temps m'a donné raison, car le danger du cancer du sein n'est pas tellement au niveau local. L'hérésie d'hier est devenue l'orthodoxie d'aujourd'hui...

Un suivi minutieux a permis de constater que mes malades traitées de façon non mutilante se portaient aussi bien, sinon mieux que les patientes traitées dans les années 60 par mastectomies totales ou radicales de routine. Ces résultats m'ont encouragé à continuer dans le même sens, c'est-à-dire : préserver les seins le plus souvent possible. Depuis plus de 25 ans, mes énergies furent consacrées à faire reconnaître le bien-fondé des traitements conservateurs. Mes patientes m'ont fait confiance et je les en remercie. Cependant, les femmes ont encore à faire face à cette terrible maladie, mais au moins elles conservent l'intégrité de leur personne, sans les mutilations. Le cancer leur cause suffisamment de problèmes... Il ne faut pas leur en ajouter davantage, surtout quand cela n'est pas nécessaire.

Passionné par le sujet,. dès **1973**, j'ai publié dans diverses revues médicales : <u>Poisson R.</u>, *« La mammectomie radicale, opération désuète ? » À propos de l'exérèse locale élargie dans le traitement de certains cancers du sein.* Vie Médicale au Canada Français ; 2 : 405-408, **1973** / <u>Poisson R.</u>, *Preliminary report on the individualized non-mutilating treatment of operable breast cancer.* Clin. Oncol. ; 2 : 55-71, **1976**. / <u>Poisson R.</u>, Legault Poisson S., Mercier J.P., Côté J., *Étude pilote sur le traitement individualisé et non mutilant des cancers du sein* (expériences personnelles de **1970 à 1976**), L'Union Médicale du Canada, Tome 112, No 9, p. 1-8, **1983**. Sans oublier plusieurs articles dans des revues populaires comme *Châtelaine* qui, au Québec, ont eu beaucoup d'impact (*Cancer du sein, le droit de savoir*, **mai 1974** / *Cancer, 1 femme sur 3 perd un sein pour rien*, **juillet 1978** / *La mastite : ne pas s'affoler*, vol 20, No 6, **juin 1979**).

À de multiples reprises, au début des années 70, devant les membres du Collège Royal du Canada, ceux de l'Association des médecins de langue française du Canada, à la Société de Sénologie de France, en Europe de l'Est et au grand congrès de l'American College of Surgeons à Chicago en octobre 1973, j'ai pu relater mon expérience et décrire les résultats obtenus sur plusieurs centaines de patientes. Ces études personnelles ont obtenu des résultats positifs. J'ai alors été invité à me joindre aux chercheurs américains et canadiens afin de collaborer à une recherche clinique Nord-américaine d'une grande envergure sur le cancer du sein pour prouver scientifiquement ce que je ressentais depuis longtemps. C'est avec beaucoup d'enthousiasme que j'ai collaboré intensément à ces études pendant 16 ans. De toute l'Amérique du Nord, je suis celui qui y a inscrit le plus grand nombre de patientes.

Malheureusement, afin de faire avancer ces études difficiles d'exécution plus rapidement et de permettre à un plus grand nombre de patientes d'entrer dans ces protocoles de recherche et ainsi les faire bénéficier des soins, des médicaments et du suivi informatisé, j'ai omis certains détails relatifs aux critères d'éligibilité qui n'avaient d'ailleurs aucun impact oncologique sur la santé et la survie des patientes, ni sur les résultats de ces grandes études Nord-américaines. Là où on a écrit «fraudes et falsifications», on aurait dû comprendre «non observance» de certains critères très relatifs d'admissibilité aux protocoles de recherche. **On juge sur des détails, au risque de perdre de vue l'ensemble**. Ces études ont été publiées dans plusieurs revues scientifiques dont le «*New England Journal of Medecine*» du 19 mars **1985** (Fisher Bernard, M. D., Bauer Madeline, Ph. D., Margolese Richard, M. D., <u>Poisson Roger</u>, M. D. and al, *Five-year Results of a Randomized Clinical Trial Comparing Total Mastectomy and Segmentary Mastectomy With or Without Radiation in the Treatment of Breast Cancer*, N. Engl. J. Med.; Vol 312, No 11 (March): p. 665-673, **1985**) et aussi en **1989** (Fisher B., Redmond C., <u>Poisson R.</u>, et al., *Eight-year results of a clinical randomized trial comparing total mastectomy and lumpectomy with or without irradiation in the treatment of breast cancer*, N. Engl. J. Med.; Vol 320: p. 822-828, **1989**).

Cette recherche a enfin prouvé scientifiquement que les segmentectomies, au point de vue de la survie, donnent d'aussi bons résultats que les mastectomies totales, la mutilation en moins. Fait remarquable, elle n'aurait probablement jamais été complétée sans la contribution de quelques chirurgiens québécois motivés et aussi des patientes Québécoises. Par exemple, des 1854 patientes inscrites au protocole B-06, 354 étaient de l'Hôpital Saint-Luc. Plus du tiers des patientes recrutées dans ce protocole venaient du Québec; de celles-là j'en comptais plus de la moitié à mon actif. Sans me laisser paralyser par certains détails qui ne pouvaient aucunement affecter les résultats des études, je comprenais et respectais l'esprit du protocole dans ses grandes lignes.

L'Art médical occupe une place que les ordinateurs ne peuvent lui ravir. C'est pourquoi, je me suis dévoué corps et âme à ces recherches cliniques. Mon expérience leur a permis de mieux démarrer et d'arriver à bon port. Les chirurgiens américains, qui représentent en général le château fort de la chirurgie radicale, étaient hésitants et peu expérimentés dans cette technique chirurgicale sélective qui consiste à extirper le cancer sans déformer le sein. Grâce à de nombreux colloques auxquels j'ai participé et que j'ai animés, ils s'y sont graduellement ajustés au cours des années; du moins ceux qui participaient au programme de recherche.

Toute la médiatisation en 1994 autour de quelques entorses administratives aura eu comme conséquence positive de remettre à l'ordre du jour les conclusions de ces études sur la validité des traitements non mutilants. Toute cette saga aura finalement eu le mérite d'avoir suscité, à travers le monde, une excellente et efficace promotion des traitements non mutilants (comme je le prêche depuis 25 ans) et ce, beaucoup plus que l'ensemble des publications scientifiques antérieures. C'est au Québec d'ailleurs où il se fait le plus de préservation du sein dans toute l'Amérique du Nord et possiblement dans le monde. Mon influence directe ou indirecte a dû y être pour quelque chose. Ce sont les chirurgiens qui pratiquent encore la mastectomie totale ou radicale qui sont maintenant sur la défensive!

Il est évident que la recherche se doit d'être bien encadrée selon des paramètres clairs et précis. Cependant, cette approche technocratique où l'on ne s'occupe que des critères de type réglementation ne laisse aucune place à la compassion et à l'empathie envers les malades. D'autre part, le grand problème au niveau de la recherche clinique n'est pas que les cliniciens chercheurs inscrivent trop de patientes, la plaie majeure et chronique des études est qu'ils n'en mettent pas assez! C'est la principale raison qui explique qu'il a fallu vingt ans pour prouver que la tumorectomie est aussi bonne que la mastectomie. Dans n'importe quelle recherche, il existera toujours certains éléments de chance ou de risque. Le plus grand risque est souvent celui de ne pas en prendre et de ne pas participer pleinement.

Lorsque le chirurgien pratiquait une mastectomie radicale ou radicale modifiée, si la patiente mourait plus tard, on disait que le chirurgien avait fait le maximum et qu'en dépit de cela la patiente était décédée. Le chirurgien n'avait pris aucun risque, à tous les points de vue! Qu'est-ce que la patiente avait obtenu en retour pour la perte de son sein? Si le chirurgien préservait le sein et si la patiente mourait, certains avaient vite fait de le pointer du doigt pour ne pas avoir fait le maximum, surtout si la patiente avait eu une récidive locale. Encore une fois, c'était un faux problème. De grandes études internationales ont prouvé scientifiquement que la survie au cancer du sein ne relève pas du type de traitement local utilisé, mais dépend de la présence ou de l'absence de micro-métastases à distance lors du traitement initial. Elle est tributaire du type de cancer, du bagage cyto-génétique de la tumeur, de la précocité du diagnostic et du traitement systémique employé. Pour les cancers du sein qui ressemblent au point de vue comportement à la tortue (de notre avant-propos), il n'y a jamais de micro-métastases à distance, et par conséquent, les résultats sont toujours bons. Pour ceux, hélas, qui ressemblent à l'oiseau, il y en a presque toujours, avant même que les traitements ne soient commencés. Pour les autres cancers, c'est-à-dire la majorité qui sont comparables au chat, c'est variable. Ici, le temps peut influencer la survie, les traitements systémiques également. Mais une chose est certaine, c'est que la préservation du sein, contrairement à ce que plusieurs prophètes de malheur avaient prédit, ne s'est pas révélée un feu de paille et encore moins une mode préjudiciable aux patientes. Aux États-Unis, il se fait encore actuellement beaucoup trop de mastectomies radicales modifiées, plus de 50 % des cas opérables, malgré les protestations des femmes activistes et les résultats de bien des études.

3) Un enseignement axé sur l'importance de l'examen physique du sein et sa palpation.

La palpation du sein, malgré l'avènement des mammographies modernes, est un art qui, conjointement avec ces dernières et au besoin corroborée par des cytoponctions à l'aiguille fine, constitue un des trois pilliers pour poser un diagnostic précis.

Ce grand intérêt face aux pathologies mammaires m'a incité à travailler comme professeur à plein temps au département de chirurgie de l'Université de Montréal. Ces trente années, réservées, vouées à la formation d'étudiants, d'internes et de résidents m'ont permis de transmettre ma philosophie ainsi que mon expérience chirurgicale aux plus jeunes sur l'importance des traitements individualisés et non mutilants des cancers du sein ainsi que sur le diagnostic, le traitement des pathologies médico-chirurgicales : tumeurs bénignes, mastites, dysplasies et surtout cancers.

Le sein est un organe de discorde, écartelé entre des écoles de pensée, et risque de le rester encore pour longtemps, car les controverses en paralysent l'activité. Il serait souhaitable que plus de médecins y consacrent la majeure partie de leur temps, de leur énergie et de leurs idées précieuses. Il faut porter suffisamment d'attention aux résultats esthétiques des opérations, car il y a beaucoup plus de mérite et de satisfaction à respecter l'harmonie des seins sans compromettre les chances de guérison. Une des plus grandes joies dans mon domaine est de revoir une patiente, opérée il y a 20 ou 25 ans pour un cancer du sein, et ne pas être capable de retracer le côté opéré.

4) Établir des méthodes diagnostiques moins invasives

4.1) Cytoponctions à l'aiguille fine pour les lésions palpables

De nombreuses années à œuvrer au développement et à la diffusion des cytoponctions à l'aiguille fine afin de diagnostiquer d'une façon précise toutes bosses dans le sein, ont permis de diminuer les interventions chirurgicales inappropriées voire inutiles (kyste, fibrose, dysplasie...) ou des opérations en plusieurs étapes comme il était communément pratiqué avant l'avènement des biopsies à l'aiguille surtout aux États-Unis. Elle est rapide, économe et d'une grande précision, ces trois caractéristiques en font un atout précieux. (Poisson Roger, Legault Sandra et coll. *La fiabilité des cytoponctions à l'aiguille fine dans le diagnostic des masses dominantes et suspectes du sein*, L'Union médicale du Canada, p. 316-325, Octobre 1988.)

4.2) Biopsies « tru-cut » téléguidées sous contrôle radiologique ou échographique pour les lésions non palpables et radiologiquement suspectes

En collaboration étroite avec les radiologistes, j'ai largement poussé à développer l'emploi des biopsies à l'aiguille sous contrôle radiologique ou échographique plutôt que d'opérer d'emblée, *au cas où*... Ces micro-biopsies « tru-cut » nous permettent d'éliminer beaucoup d'opérations plus ou moins utiles. (Poisson R., Dufresne M.P., *Mise au point sur la stéréotaxie mammaire*. L'Union médicale du Canada/Mai-Juin ; 100-102, 1989.). D'autres centres, comme la clinique Léger et associés ont aussi joué un rôle prépondérant dans ce domaine sous l'égide du Dr Denise Ouimet-Oliva.

5) Une recherche constante de la fine pointe technologique et scientifique

On ne pourra jamais me reprocher d'avoir été le dernier à changer la routine qui prévaut depuis trop longtemps pour des méthodes plus modernes. **En médecine, on a vite fait d'interroger et contester les nouvelles méthodes mais on néglige souvent de questionner les vieux dogmes.** Par exemple, en collaboration avec les pathologistes de l'Hôpital Saint-Luc, nous avons mis au point des moyens précis afin d'obtenir les récepteurs hormonaux des tumeurs à l'aide de la cytoponction à l'aiguille fine et ce, sans opération. Avant cette innovation, il fallait opérer la patiente pour obtenir du tissu tumoral pour doser ces paramètres. D'autres informations importantes peuvent également être obtenues à l'aiguille comme l'indice de prolifération cellulaire (le KI-67), le P 53, l'haploïdie et la diploïdie, la phase S ainsi que certains marqueurs tumoraux. Ces analyses nous aident à mieux cibler et planifier les traitements subséquents, en particulier leur ordre, tout en éliminant les dissections de l'aisselle de routine et ne plus avoir à se fier uniquement à l'état des ganglions pour déterminer si les patientes ont besoin ou non de chimiothérapie.

Une lueur d'espoir face à la recherche clinique. Les nouveaux hauts fonctionnaires et âmes dirigeantes de l'Institut National du Cancer Américain ont commencé à adopter une philosophie et culture rafraîchissantes en ce qui concerne les directives de la recherche clinique qui maintenant, se veulent plus libérales avec moins de tracasseries bureaucratiques inutiles surtout au niveau de certains critères d'éligibilité arbitraires et peu importants pour des protocoles de recherche clinique. En effet, le dernier congrès de l'ASCO (American Society of Clinical Oncology) tenu à Philadelphie au mois de mai 1996, reflète un changement d'attitude des autorités du INC (Institut National du Cancer) à l'égard des critères d'éligibilité trop sévères pour les études. Ils déclarent officiellement que les études prospectives, contrôlées et randomisées devraient devenir plus libérales avec des critères d'accessibilité plus simples, car conçus comme ils le sont actuellement, ils ralentissent énormément le progrès des études sur le cancer et leur enlèvent beaucoup de puissance. Étant tellement exclusives, elles ne sont pas nécessairement généralisables à la communauté oncologique en général, en plus d'être très onéreuses. C'est ce que je crois et préconise depuis longtemps.

On peut me reprocher d'avoir contrecarré la routine médicale, la stagnation, mais on ne pourra jamais me blâmer d'avoir mis toutes mes connaissances au service de mes patientes, tout en faisant progresser la technique chirurgicale, les méthodes d'investigation et la qualité des soins dans ce domaine.

6) Emphase sur la prévention primaire et secondaire

Il est primordial d'encourager la prévention primaire et secondaire dans notre pratique en expliquant les consignes pertinentes à un mode de vie sain. Mes patientes qui attendent souvent plus longtemps que je le souhaiterais dans ma salle d'attente peuvent témoigner du temps consacré à chacune d'elles à m'assurer qu'elles sont bien renseignées. Je n'ai jamais cru que l'information au grand public pouvait créer une cancérophobie. Au contraire, c'est l'ignorance qui engendre la peur, la négation et l'inaction.

7) Rayonnement sur la scène scientifique

En rédigeant une cinquantaine de publications scientifiques et en participant activement à plusieurs centaines de colloques et congrès locaux et internationaux, je me suis toujours efforcé de diffuser le plus rapidement et le plus efficacement possible toutes les informations inhérentes au cancer du sein.

8) Réduction du nombre de dissections des ganglions de l'aisselle

Tout comme les mastectomies totales, les dissections de routine de l'aisselle deviendront bientôt désuètes à cause de l'utilisation des traitements systémiques à presque toutes les patientes, quel que soit l'état des ganglions. Ces dissections ont moins leur raison d'être tant au point de vue investigation («staging») que thérapeutique. Je pense qu'elles ne devraient plus être effectuées dans tous les cas.

9) Modification de l'ordre classique des traitements

Au commencement de ma carrière de chirurgien, j'ai vite compris que dans le domaine du cancer du sein **plus de chirurgie n'est pas mieux**. C'est pourquoi j'ai abandonné très tôt les mastectomies radicales en faveur des traitements non mutilants. L'ordre classique des traitements débutait invariablement par la chirurgie suivie de radiothérapie puis de chimiothérapie et d'hormonothérapie adjuvantes. Aujourd'hui, de plus en plus pour les tumeurs assez grosses, je commence par des traitements systémiques comme la chimiothérapie et l'hormonothérapie, qui en réduisant la taille des tumeurs permettent une chirurgie plus économe. Dans certains cas, la tumeur peut complètement disparaître sous l'effet des traitements systémiques rendant inutile toute chirurgie si ceux-ci sont suivis d'une radiothérapie cancéricide. En d'autres termes, la chirurgie devient de plus en plus un traitement adjuvant, c'est-à-dire complémentaire. J'ai participé grandement à cette inversion des traitements pour le plus grand bien physique et psychologique des patientes (amélioration de leur qualité de vie).

10) Une participation active à l'évolution des connaissances

Aujourd'hui avec un certain recul, on constate de plus en plus le bien-fondé et le pourquoi de mes luttes, soit :

1) L'importance de la préservation du sein qui donne des résultats de survie aussi valables que la mastectomie totale, mais sans la mutilation.

2) L'importance de faire un diagnostic précis à l'aide de biopsies à l'aiguille et d'obtenir ainsi de nombreux paramètres avant de planifier et commencer les traitements.

3) L'importance d'utiliser la chimiothérapie et l'hormnnothérapie en première ligne, surtout pour les tumeurs assez grosses. Ces traitements jouent un rôle primordial au niveau systémique mais aussi au niveau local. Pourquoi donc ne pas les exploiter dans le but de moins mutiler ?

4) L'importance de simplifier les études cliniques qui autrement s'éternisent indûment, s'affaiblissent et deviennent très coûteuses.

La chirurgie non mutilante a pris racine grâce au courage, la tenacité et surtout la volonté des pionniers, qui dès la fin des années « 60-70 » jugeaient très important d'offrir aux patientes un traitement plus adapté, moins mutilant et avec des résultats tout aussi bons. Ces pionniers ont popularisé la technique et le concept. La tumorectomie est ainsi née et continue à détrôner les mastectomies radicales, malgré tout encore trop largement pratiquées. De plus en plus de chirurgiens partagent cette opinion. C'est pourquoi, j'ai harmonisé mon travail afin de répondre aux attentes de mes patientes, toujours en choisissant le traitement le plus adapté et le moins mutilant, quitte à ne pas hésiter à utiliser la chimiothérapie en première ligne pour diminuer la grosseur des tumeurs et favoriser une chirurgie plus économe.

11) Une constante persévérance dans l'amélioration des traitements

Les progrès au cours des trente dernières années ont été révolutionnaires et vont continuer à l'être. Les taux de survie des cancers du sein s'améliorent, mais malheureusement l'incidence, c'est à dire le nombre de cas augmente. Le fait que la mortalité diminue prouve que nous en guérissons de plus en plus.

Lors du cinquième congrès international sur la chimiothérapie anticancéreuse néoadjuvante et expérimentale tenu à Paris en février 1994, j'ai eu l'occasion de présenter une communication scientifique sur la chimiothérapie utilisée comme traitement primaire ; cette dernière a été sélectionnée pour publication (R. Poisson, S. Legault, R. Guévin., *Primary chemotherapy in the individualized non-mutilating treatment of breast cancer;* Cancer Treatment an Update : Springer-Verlag France, Paris, 1994 pp 114-118). J'ai aussi présenté à ces congrès, les années suivantes en 1995, 1996 et le 6 février 1997, des mises à jour de mes travaux intitulés : *Primary chemo-endocrine therapy as a good local and systemic treatment of «operable» breast cancers.* Ma mission se poursuit avec le même enthousiasme et la même tenacité car je suis toujours aussi convaincu que l'on peut offrir mieux et plus à nos patientes en gardant un œil ouvert sur le futur encore plus qu'en examinant à la loupe les critères mineurs et arbitraires de certains protocoles de recherche

285

clinique. Même s'il y a des inconvénients à vouloir faire avancer les choses trop vite, malgré tout, je n'aimerais pas être un des derniers à changer.

Avant de terminer, je voudrais témoigner ma gratitude aux personnes qui m'ont appuyé sur le plan professionnel. Merci aux collègues médecins et chercheurs d'ici et d'ailleurs qui m'ont apporté leur collaboration et leur support dans mes activités d'enseignement, de recherche et de pratique médicale en particulier les radiothérapeutes, les radiologistes, les radioisotopistes et les pathologistes.

Sans oublier ma reconnaissance émue pour la grande confiance de mes nombreuses patientes qui m'ont permis d'acquérir une vaste connaissance pratique.

Le cancer du sein, c'est ma profession et ma profession, c'est ma vie.

Roger Poisson M.D.

Bibliographie

1 : Allan S.G., Rodger A., Smyth J.F., Leonard R.C.F. *Tamoxifen as primary treatment of breast cancer in elderly or frail patients: a practical management.* Br Med J; 290:358, 1985

2 : Amalric R., Spitalier J.M., *Radiation therapy with or without primary limited surgery for operable breast cancer: A 20-year experience at the Marseilles Cancer Institute,* Cancer; 49 (1); 1982

3 : Atkins H., Hayward J.L., Klugman D.J., Wayle A.B., *Treatment of early breast cancer: a report after ten years of clinical trial.* Br. Med. J., 2: 423-429; 1972.

4 : Baillet F., *Le traitement conservateur du cancer du sein.* Cedem Ed., Saint-Cloud, 1988

5 : Belliveau Normand, *Le cancer du sein,* Les éditions internationales Alain Stanké, 1983

6 : Bland Kirby I, Copeland Edward M, *The Breast*, W. B. Saunders Company, Philadelphia 1991

7 : Bonadonna G., *Conceptual and practical advances in the management of breast cancer. Karnofsky memorial lecture.* J. Clin. Oncol., 7 ; 10 : 1380-1397, 1989.

8 : Bonadonna G., Valagussa P., Mouterni A. et al., *Milan Adjuvant and Neoadjuvant Studies in stage I and II resectable Breast Cancer,* in: «Adjuvant therapy of cancer VI»; Salmon S.E. (Ed), W.B. Saunders Company. 1990.

9 : Bradbeer J.W., Kyngdon J. *Primary treatment of breast cancer in elderly women with tamoxifen.* Clin Oncol; 9 : 31-34, 1993.

10 : Brooks R., Jones J.E., Salmon S.E., et al., *Adjuvant chemotherapy of axillary node-negative carcinoma using doxorubicin and cyclophosphamide.* NCI Monogr., 1 : 136-137, 1986.

11 : Cady B.: *The need to reexamine axillary lymph node dissection in invasive breast cancer.* Editorial. *Cancer,* 73:505-508, 1994.

12 : Calle R., Pelleron J.P., Schlienger P., Vilcoq J.R., *Conservative Management of Operable Breast Cancer. Ten years experience at the Foundation Curie.* Cancer; 42 : 2045-2053, 1978.

13 : Canellos G.P., Hellman S., Veronesi U. *The Management of Early Breast Cancer.* N. Eng. J. Med.; 306 : 1432, 1982.

14 : Chevallier B., Roche H., Olivier J.P. et al. *Inflammatory breast cancer: intensive chemotherapy (FEC-BC) results in a high histological complete response rate.* Proc. Am. Soc. Clin. Oncol., 9 : 42, 1990.

15: Crile G Jr. *Treatment of breast cancer by local excision*. Am J Surg ; 109-400-3, 1965.

16: Donegan & Spratt, *Cancer of the Breast*, W. B. Saunders Company, Third Edition, 1988.

17: Dufresne Jacques, Dumont Fernand, Martin Yves, *Traité d'anthropologie médicale*, Presses de l'Université du Québec, Institut québécois de recherche sur la culture, Presses Universitaires de Lyon, 1985

18: Early Breast Cancer Trialists collaborative Group. *Effects of adjuvant Tamoxifen and of cytotoxic therapy on mortality in early breast cancer. An overview of 61 randomized trials among 28,896 women*. N. Engl. J. Med., 319: 1681-1692 1988.

19: *Early Breast Cancer Trialist*; collaborative Group. Lancet 339: 1 - 15, 71 - 85, 1992.

20: Felton, J.S. and Knizr, M.G. *In chemical carcinogenesis and mutogenesis 1, Hank book of experimental pharmacology*, EDS Cooper CS, Grovel PL, Berlin: Springer, Verlag, Vol. 94/1, 1990.

21: Fidler I.J., *Rationale and methods for the use of nude mice to study the biology and therapy of human cancer metastasis*. Cancer Metastasis Rev 5: 29-49, 1986.

22: Fisher B., Redmond C., Brown A., Wolmark N., Wittliff J., Fisher E.R., and other National Surgical Adjuvant Breast and Bowel Project (NSABP) investigators. *Treatment of Primary Breast Cancer with Chemotherapy and Tamoxifen*. N. Engl. J. Med.; 305: 1-6, 1981.

23 : Fisher B., Wolmark N., Redmond C., Deutsch M., Fisher E.R., and participating National Surgical Adjuvant Breast and Bowel Project (NSABP) investigators. *Findings from NSABP Protocol No. B-04; Comparison of Radical Mastectomy with Alternative Treatments: 11.* The Clinical and Biologic Significance of Medial-Central Breast Cancers. Cancer; 48: 1863-1872, 1982.

24 : Fisher Bernard, M.D., Bauer Madeline, Ph.D., Margolese Richard, M.D., Poisson Roger, M.D., and all, *Five-Year Results of a Randomized Clinical Trial Comparing Total Mastectomy and Segmental Mastectomy With or Without Radiation in the Treatment of Breast Cancer*, The New England Journal of Medecine, Vol 312, No 11 (March): pp 665-673, 1985.

25 : Fisher B., Redmond C., Poisson R., et al: *Eight-year results of a clinical randomized trial comparing total mastectomy and lumpectomy with or without irradiation in thetreatment of breast cancer.* N Engl J Med 320, 822-828, 1989.

26 : Fisher B., Costantino J., Redmond C., Poisson R. et al: *A randomized clinical trial evaluating tamoxifen in the treatment of patients with node-negative breast cancer who have estrogen-receptor-positive tumors.* N Engl J Med; 320: 479-84, 1989.

27 : Fisher B., Redmond C., Dimitrov N.V., et al: *A randomized clinical trial evaluating sequential methotrexate and fluorouracil in the treatment of patients with node-negative breast cancer who have estrogen-receptor-negative tumors.* N Engl J Med; 320: 473-8, 1989.

28: Fisher B., Redmond C., Wickerman D.C., et al: *Doxorubicin containing regimens for the treatment of stage II breastcancer: The National Surgical Adjuvant Breast and Bowel Project experience.* J. Cli. Oncol., 7: 572-582, 1989.

29: Fisher Bernard, Brown Ann M., Dimitrov Nikolav V., Poisson Roger, and all, *Two Months of Doxorubicin-Cyclophosphamide With and Without Interval Reinduction Therapy Compared With 6 Months of Cyclophosphamide, Methotrexate, and Fluorouracil in Positive-Node Breast Cancer Patients With Tamoxifen-Nonresponsive Tumors: Results From the National Surgical Adjuvant Breast and Bowel Project B-15*, Journal of Clinical Oncology, Vol 8, No 9 (September): pp 1483-1496, 1990.

30: Fisher Bernard, M.D.; Brown Ann M, Sc.D.; Wolmark Norman, M.D.; Redmond Carol, Sc.D.; Wickerham Lawrence D.,M.D.; Wittliff James, M.D.; Dimitrov Nikolay Ph.D.; Legault-Poisson Sandra, M.D. and all, *Prolonging Tamoxifen Therapy for Primary Breast Cancer, Findings from the National Surgical Adjuvant Breast and Bowel Project Clinical Trial,* Annals of Internal Medecine; 106:649-654 Amercian College of Physicians, 1987.

31: Fisher Bernard, Redmond Carol, Legault-Poisson Sandra and all, *Postoperative Chemotherapy and Tamoxifen Compared With Tamoxifen Alone in the Treatment of Positive-Node Breast Cancer Patients Aged 50 Years and Older With Tumors Responsive to Tamoxifen: Results From the National Surgical Adjuvant Breast and Bowel Project B-16*, Journal of Clinical Oncology, Vol 8, No 6 (June): pp 1005-1018, 1990.

32 : Ghys Roger, *Les maladies du sein*, éditions Québec/Amérique, 1989.

33 : Gros Dominique, *Le sein dévoilé*, éditions Stock/Laurence Pernoud, 1987.

34 : Haagensen C.D., *Diseases of the breast*. Philadelphia, PA : W.B. Saunders Co., 1971.

35 : Harris, Jay R. Hellman, Samuel. Henderson, I, Craig. Kinne, David, W. *Breast Diseases*, J. B. Lippincott Company, Philadelphia, 1987.

36 : Herman R.E., Esselstyn C.B. Jr, Crile G. Jr., et al : *Results of conservative operations for breast cancer. Arch Surg*, 120 : 746-751, 1985.

37 : Hortobagy G.N., Amas F.C., Buzdar A.U. et al : *Management of stage III primary breast cancer with primary chemotherapy, surgery and radiation therapy*. Cancer, 62 : 2507-2516, 1988.

38 : Hryniuk W. *The impact of dose intensity on the design of clinical trials*. Sem. Oncol., 14 : 65-74, 1987.

39 : Israël Lucien, *Vivre avec un cancer*, éditions Durocher, 1992.

40 : Jacquillat C., Auclerc G., Weil M., et al : *Chimiothérapie initiale avec radiothérapie exclusive dans les cancers primitifs du sein*. Cahiers Cancer,1 : 2 : 89-95, 1989.

41 : Jacquillat C., Auclerc G., Weil M., et al : *Une alternative à la chirurgie*, Résultats d'un traitement conservateur dans le cancer du sein, Chimiothérapie Néo-adjuvante/Radiothérapie curiethérapie, Gynécologie, 42, 1, pp 38-48, 1991.

42: Jacquillat C., Baillet F., Weil M., et al: *Results of a conservative treatment combining induction (neoadjuvant) and consolidation chemotherapy, hormonotherapy and interstial irradiation in 98 patients with locally advanced breast cancer (IIIA-IIIB)*. Cancer, 1988, 61: 1977-1982, 1988.

43: Jacquillat C., Weil M., Auclerc G., et al: *Neoadjuvant chemotherapy in the conservatrive management breast cancer: a study of 205 patients*. In «Adjuvant Therapy of Cancer V». Grune & Stratton Inc. (Sydney E. Salmon Edt): 403-409, 1987.

44: Lamoureux Gilles MD, PhD, Mandeville Rosemonde MGChB, PhD, <u>Poisson Roger</u> MD, FRCS, Legault-Poisson Sandra MD, FRCS, Jolicoeur Ronald TD, *Biologic Markers and Breast Cancer: A Multiparametric Study-1. Increased Serum Protein Levels*, CANCER, Vol. 49, No 3, February 1, 1982.

45: Lamoureux G., <u>Poisson R.</u>, Desrosiers M., *An Antagonist Side-Effect of BCG Immunotherapy: Induction of Immunological Anergy*, Centre de recherche en immunologie, Institut Armand-Frappier, Laval-des-Rapides, Québec, Canada. Service de chirurgie oncologique, Hôpital St-Luc, Montréal, Québec, Canada. pp 167-178, 1976.

46: Lamoureux G. et <u>Poisson Roger</u>, *Évaluation de l'immunité cellulaire spécifique au cours de l'évolution du cancer du sein,*. Annal. Immunol. (Inst. Pasteur), 128 C, 107-108, 1977.

47: Lasvergnas Isabelle, *Traité d'anthropologie médicale*, Presse de l'Université du Québec, 1985.

48: Legault-Poisson Sandra, Jolivet Jacques, Poisson Roger and all, *Tamoxifen-Induced Tumor Stimulation and Withdrawal Response*, Cancer Treatment Reports Vol. 63, No 11-12, November/December; pp: 1839-1841, 1979.

49: Mandeville Rosemonde, MBChB, PhD, Lamoureux Gilles, MD, PhD, Legault-Poisson Sandra, MD, FRCS, Poisson Roger, MD, FRCS, *Biological Markers and Breast Cancer, A Multiparametric Study-II: Depressed Immune Competence*, Cancer, Vol. 50, No 7, October 1, 1982.

50: Mandeville Rosemonde. *Le cancer du sein*, Les Éditions La Presse, 1988

51: Margolese Richard, M.D., Poisson Roger, M.D. and all, *The Technique of Segmental Mastectomy (Lumpectomy) and Axillary Dissection: A Syllabus from the National Surgical Adjuvant Breast Project Workshops*, Surgery, Volume 102, Number 5; pp 828-834, 1987.

52: Miller Anthony B. *Mammography Screening Controversies*. Cancer Detection and Prevention, 18(4): 305-311, 1994.

53: Miller A.B., Baines C.J. To T, Wall C. The Canadian National Breast Screening Study: *Breast cancer detection and mortality in woman age 40-49 on entry*. Can. Med. Assoc. J.; 147: 1459-1476, 1992.

54: Morikawa K., Walker S.M., Nakajima M., Pathak S., Jessup J.M., Fidler I.J. *Influence of organ environment on the growth, selection, and metastasis of human colon carcinoma cells in nude mice*. Cancer Res 48: 6863-6871, 1988.

55: Mustakallio S. *Treatmeot of breast! cancer by tumour extirpation and roentgen therapy instead of radical operation.* J Faculty Radiol, 1954

56: Namer, M. Héry, M. *Le cancer du sein*, Cours supérieur francophone de cancérologie, ESC, Centre Antoine-Lacassagne, I.C.I-Pharma éditeur, France, 1993.

57: NIH consensus statement. «*National Institutes of Health Consensus Development Conference Statement: Treatment of Early Stage Breast Cancer.*» Bethesda, MD: NIH, June 18-21, 1990.

58: O'Shaughnesst J., Denicoff A.M., Dorr A., et al: *Combination chemotherapy with fluorouracil (F), leucovorin (L), adriamycin (A) and Cytoxan (C) with granulocyte-macrophage colony stimulating factor (GM-CSF) for patients with stage III and stage IV breast cancer.* Proc. Am. Soc. Clin. Oncol., 9: 47, 1990.

59: Peters M.V. *Wedge resection and irradiation: an effective treatment in early breast cancer.* JAMA, 1967.

60: <u>Poisson R.</u> M.D., Beaudry R. M.D., Moore J.R. M.D. and Tabah E.J., McGill University, *Perfusion Studies with Labeled Chemotherapeutic Agents*, Reprinted from The Journal of Surgical Research, Volume 4, Number 2, Published by W. B. Saunders Company, pp 56-61, February 1964.

61: <u>Poisson R.</u>: «*La mammectomie radicale, opération désuète?*» *À propos de l'exérèse locale élargie dans le traitement de certains cancer du sein.* Vie Médicale au Canada Français; 2: 405-408, 1973.

62 : Poisson R. : *Preliminary report on the individual-ized non-mutilating treatment of operable breast cancer.* Clin. Oncol.; 2 : 55-71, 1976.

63 : Poisson R., Dufresne M.P., *Mise au point sur la stéréotaxie mammaire.* L'Union médicale du Canada / Mai-Juin; 100-102, 1989.

64 : Poisson R., Legault Poisson S., Mercier J.P., Coté J., *Étude pilote sur le traitement individualisé et non mutilant le cancer du sein* (expériences per-sonnelles de 1970 à 1976), l'Union Médicale du Canada, Tome 112, no 9, pp 1-8, 1983.

65 : Poisson Roger, Legault-Poisson Sandra et coll. *La fiabilité des cytoponctions à l'aiguille fine dans le diagnostic des masses dominantes et sus-pectes du sein*, L'Union médicale du Canada, p. 316-325, Octobre 1988.

66 : Poisson R., Legault S., Guévin R., *Primary Chemotherapy in the Individualized Non-Mutilating Treatment of Breast Cancer*, Cancer Treatment and Update, edited by : P. Banzet, J.F. Holland, D. Khayat, M. Weil, pp 114-119, Springer-Verlag, France, Paris, 1994.

67 : Preece P.E., Wood R.A.B., Mackie C.R., Cuschieri A. *Tamoxifen as initial sole treatment of localised breast cancer in elderly women : a pilot study.* Br Med J; 284:869-870, 1982.

68 : Ragaz J. : *Emerging modalities for adjuvant ther-apy of breast cancer : neoadjuvant chemotherapy.* NCI Monogr., 1 : 145-152, 1986.

69 : Roe D., Dalton W.S., Mosley K., et al : *Long-term follow-up on adjuvant Adriamycin/Cyclophosphamide for Node Negative Breast Cancer.in :* Adjuvant Therapy of Cancer VI. Salmon S.E. 5Ed., W.B. Saunders Company, 1990.

70 : Schipper Harvey, Goh Cynthia R., Wang Tiak-Um L. *Rethinking cancer : should we control rather than kill ? Part 1.* The Canadian Journal of Oncology ; 3 (3) ; July 1993.

71 : Schipper Harvey, Goh Cynthia R., Wang Tiak-Um L. *Rethinking cancer : should we control rather than kill ? Part 2.* The Canadian Journal of Oncology ; 3 (4) ; October 1993.

72 : Shapiro S., Venet W., Strax P., Venet L. : *Evaluation of Periodic Breast Cancer :* The Health Insurance Plan Project And Its Sequela, 1963-1986, p 1-214. Baltimore, John Hopkins University Press, 1986.

73 : Simonton Carl. *Guérir envers et contre tout*, Epi, 6e édition, 1987.

74 : Tabar L., Dean P.B. : *The Present State of Screening For Breast Cancer.* Semin Oncol 5 : 94, 1989.

75 : Tabar L, Fagerber G., Duffy S.W., et al. *Update of the Sweedish two-county program of mammographic screening for breast cancer.* Radiologic Clin North Am ; 30 :187-210, 1992.

76 : Veronesi U., Saccozzi R., Del Vecchio M., Banfi A. : *Comparing Radical Mastectomy With Quadrantectomy, Axillary Dissection And Radiotherapy in Patients with Small Cancers of the Breast.* N. Engl. of Medecine, 305, pp 6-11, 1982.

77: Vokes EE., Weichselbaum PR. *Concomitant chemoradiotherapy: rationale and clinical experience in patients with solid tumors*. J Clin Oncol 8: 911-934, 1990.

78: Vokes EE. *The interaction of chemotherapy and radiation*. Semin Oncol (in press), 1993.

79: Yenkins, DJA: *In modern nutrition in health and disease*, EDS Shils ME, Young, VR; 7th ed Lea, Febiger, 1988.

Table des matières

ACHEVÉ D'IMPRIMER
CHEZ
MARC VEILLEUX,
IMPRIMEUR À BOUCHERVILLE,
EN OCTOBRE MIL NEUF CENT QUATRE-VINGT-DIX-SEPT